내가 사랑한 교부들

INSTITUTUM PATRISTICUM COREANUM

THE CHURCH FATHERS WHOM I LOVE

© Benedict Press, Waegwan, Korea 2005

내가 사랑한 교부들
2005년 6월 초판 | 2019년 5월 3쇄
지은이 · 한국교부학연구회 | 펴낸이 · 박현동
펴낸곳 · 성 베네딕도회 왜관수도원 ⓒ 분도출판사
찍은곳 · 분도인쇄소
등록 · 1962년 5월 7일 라15호
04606 서울시 중구 장충단로 188(분도출판사 편집부)
39889 경북 칠곡군 왜관읍 관문로 61(분도인쇄소)
분도출판사 · 전화 02-2266-3605 · 팩스 02-2271-3605
분도인쇄소 · 전화 054-970-2400 · 팩스 054-971-0179
www.bundobook.co.kr
ISBN 978-89-419-0510-3 03230

* 신저작권법에 따라 보호를 받는 저작물이므로 무단 전재와 무단 복제를 금합니다.

내가 사랑한 교부들

한국교부학연구회

분도출판사

책을 내면서

이 책은 2002년 10월부터 2003년 12월까지 52회에 걸쳐 『가톨릭신문』의 '교부들의 가르침'이라는 난에 다섯 명의 필진 — 노성기·이연학·장인산·최원오·하성수 — 이 연재한 글들을 모아서 손질한 것입니다. 이 연재물이 시작된 계기는 이렇습니다. 교부학을 전공한 전국 가톨릭대학교 교수들이 주축이 되어 2002년 1월 17일에 '한국교부학연구회'Institutum Patristicum Coreanum를 설립하게 되었습니다. 매년 두 차례 모임을 가지면서 서로 배우는 자세로 연구하고 교부들의 가르침을 한국 교회에 어떻게 소개할 수 있을까 논의했습니다. 먼저, 우리는 앞으로 교회를 이끌어 갈 신학생들을 잘 교육할 수 있도록 서로 정보를 교환하고 우리 스스로 공부해야 한다는 목표를 세웠습니다. 둘째, 우리는 교부들의 주옥같은 가르침을 신자들에게도 소개하고 전해 주는 데 노력하기로 뜻을 모았습니다. 이를 위한 여러 가지 방안과 계획들을 논의했습니다. 한국 교회의 전통 있는 대중매체인 가톨릭신문사는 우리의 이런 취지와 목표를 알고 '교부들의 가르침'이라는 난을 마련하여 성의 있게 실어 주었습니다. 신문에 실린 글들을 독자들이 편하게 읽을 수 있도록 단행본으로 내기까지 배려해 준 가톨릭신문사에 감사의 마음을 전합니다.

교부들의 가르침은 우리 교회의 보화와 같습니다. 성서와 성전聖傳이라는 계시의 두 원천에서 성전의 주요 부분이 교부들의 가르침 안에 들어 있기 때문입니다. 오늘날 우리가 믿고 고백하는 교리는 성서의 내용을 토대로 2천 년의 교회 역사, 특히 교부들의 가르침 안에서 다듬어진 것들입니다. 사실 삼위일체론, 그리스도론, 성사론, 교회론, 전례와 영성 등은 교부 시대에 치열한 논쟁과 연구를 통해 진위가 가려지고 기본 골격이 정해지고 발전되었습니다. 따라서 교부들의 가르침을 제대로 공부하는 것은 오늘의 교리와 전례 그리고 교회 생활을 올바로 이해하는 데 큰 도움이 됩니다. 그렇지 않으면, 마치 수학 공식은 외우고 있되 그 원리를 이해하지 못하는 것과 같습니다.

고대 교부들 가운데 가장 위대한 교부로 꼽히는 성 아우구스티누스는 "믿기 위해 깨달아라. 깨닫기 위해 믿어라"[1]라고 말했습니다. 우리는 여기서 신앙과 이성 사이의 긴밀한 관계를 엿볼 수 있습니다. 하느님을 올바로 믿기 위해서는 하느님께서 계시하신 내용을 제대로 공부하고 깨닫는 노력이 있어야 합니다. 그렇지 않다면 우리 자신이 만들어 낸 하느님을 믿게 될 것입니다. 한편 하느님의 계시는 인간 이성의 한계를 초월할 만큼 깊고 풍부하기 때문에 하느님의 말씀을 좀 더 깊

---

[1] 아우구스티누스 『삼위일체론』 1,1.

이 깨닫기 위해서는 하느님의 도우심을 빌고 그분에 대한 굳건한 믿음을 가져야 합니다. 성서 시대와 가까운 시기에 살았던 교부들은 신앙과 이성을 삶으로 조화롭게 실천했던 분들이었기에 우리에게 크나큰 도움을 줍니다.

이 책은 교부들에 관한 소박한 참고서지만, 교부학 각 분야의 전문가들이 되도록 쉽게 풀어서 공동 집필한 한국적인 교부학 입문서이기도 합니다. 그동안 '한국교부학연구회'는 3년 가까이 『교부학 인명·지명 용례집』을 준비하여 출판을 앞두고 있습니다. 그리고 2005년 3월부터는 『가톨릭신문』에 매주 16명의 회원이 돌아가면서 유명한 교부들이 쓴 작품 가운데 본문 일부를 소개하여, 오늘의 우리 삶을 조명하고 반성해 보고자 합니다. 이 난을 읽기 전에 이 책『내가 사랑한 교부들』을 통해 해당 교부의 생애와 역사적 배경을 미리 공부한다면, 교부들의 작품을 이해하는 데 큰 도움이 되리라 생각합니다. 그리고 교부들의 말씀을 직접 접하고 깊이 이해하기 위해서는 '교부문헌총서'(분도출판사)도 읽기를 권합니다.

2005년 3월 25일
한국교부학연구회 회장
이형우 아빠스

□ 차 례 □

　□ 책을 내면서　　　　　　이형우　　5
　□ 교부, 그들은 누구인가?　장인산　　13

I 　외경 문헌

1. 외경 문헌이란 무엇인가?　　　노성기　21
2. 외경 복음서:「야고보 원복음」　이연학　25
3. 외경 행전:「베드로 행전」　　　최원오　29
4. 외경 서간:「바르나바의 편지」　하성수　33
5. 외경 묵시록:「헤르마스의 목자」하성수　38

II 　사도 교부

1. 사도 교부란 누구인가?　　　장인산　45
2. 로마의 클레멘스　　　　　　이연학　49
3. 안티오키아의 이냐티우스　　노성기　54
4. 스미르나의 폴리카르푸스　　하성수　59

III 　호교 교부

1. 호교 교부란 누구인가?　　최원오　67
2. 「디오그네투스에게」　　　장인산　71
3. 유스티누스　　　　　　　이연학　75

IV   순교 문헌

1. 순교자 행전   노성기   81
2. 순교록과 수난기   최원오   86

V   이단 발생과 이단 반박 문헌

1. 영지주의   하성수   93
2. 마르키온주의   이연학   98
3. 몬타누스주의   하성수   102
4. 리옹의 이레네우스   노성기   107
5. 로마의 히폴리투스   최원오   112

VI   알렉산드리아 교부

1. 알렉산드리아의 클레멘스   장인산   119
2. 오리게네스   이연학   124

VII   북아프리카 교부

1. 테르툴리아누스   노성기   131
2. 치프리아누스   최원오   136
3. 밀레비스의 옵타투스   최원오   140

VIII 제국교회의 탄생

1. 콘스탄티누스 대전환   장인산   147
2. 카이사레아의 에우세비우스   하성수   152
3. 아리우스 이단과 니케아 공의회   이연학   157
4. 아타나시우스   노성기   162
5. 푸아티에의 힐라리우스   최원오   167

IX 카파도키아 교부

1. 대 바실리우스   이연학   173
2. 니사의 그레고리우스   하성수   177
3. 나지안주스의 그레고리우스   노성기   182

X 전성기의 교부

1. 예루살렘의 치릴루스   장인산   189
2. 암브로시우스   장인산   194
3. 몹수에스티아의 테오도루스   하성수   199
4. 요한 크리소스토무스   최원오   204
5. 히에로니무스   노성기   209
6. 아우구스티누스의 생애   최원오   214
7. 아우구스티누스의 구원론   장인산   218
8. 아우구스티누스의 인간론   이형우   222
9. '은총의 박사' 아우구스티누스   이형우   227

XI 수도승 교부

1. 수도승 생활의 탄생   이연학   235
2. 안토니우스   노성기   239
3. 파코미우스   하성수   244
4. 폰투스의 에바그리우스   이연학   249
5. 요한 카시아누스   최원오   253

XII 교부 시대의 해거름

1. 네스토리우스   노성기   259
2. 키루스의 테오도레투스   하성수   263
3. 대 레오   하성수   268
4. 누르시아의 베네딕도   이연학   273
5. 대 그레고리우스   장인산   277

□ 색인   282
□ 필진   288

교부, 그들은 누구인가?

장인산

교부

'교부'敎父라는 용어는 일종의 존칭어로서 '교회의 아버지'라는 뜻이다. '아버지'라는 낱말은 신자들이 교회에서 자신들을 가르치고 영적으로 키워 준 주교들을 사랑과 존경하는 마음으로 부르던 용어다. 예부터, 특히 동방 지역에서는 스승을 가리켜 존경하는 마음으로 '아버지'(師父)라고 즐겨 불렀다. 제자와 스승은 마치 아들과 아버지처럼, 그래서 스승을 부모처럼 여기고 존경하면서 아버지로 불렀던 것이다. 구약성서에서도 예언자는 제자를 아들처럼 여겼고, 잠언과 전도서에도 지혜를 가르치는 스승을 아버지로 여겼다. 『디다케』Didache에서도 스승은 제자를 일컬어 아들이라 한다.[2] 랍비도 제자들로부터 아버지라고 불렸다.

이러한 전통을 남용하여 교만한 마음으로 아버지 또는 스

---

[2] 『디다케』 3,1; 4,1 참조.

승으로 불리고 싶어 하는 이들에게 예수께서 엄하게 훈계하신다. "(율법학자들과 바리사이파 사람들은) 길에 나서면 인사받기를 좋아하고 사람들이 스승이라 불러 주기를 바란다. 그러나 너희는 스승 소리를 듣지 말아라. 너희의 스승은 오직 한 분뿐이고 너희는 모두 형제들이다. 또 이 세상 누구를 보고도 아버지라 부르지 말아라. 너희의 아버지는 하늘에 계신 아버지 한 분뿐이시다. 또 너희는 지도자라는 말도 듣지 말아라. 너희의 지도자는 그리스도 한 분뿐이시다"(마태 23,7-10). 사도 바오로 또한 친히 복음을 전하여 그리스도인이 된 이들에게 자신이 그들을 낳은 아버지라고 말한다(1코린 4,15 참조). 이레네우스도 다음과 같이 말한다. "말씀으로 가르침을 받은 사람은 가르쳐 준 분의 아들로 불리며, 그분을 아버지로 부른다."[3] 예루살렘의 알렉산더 주교는 오리게네스에게 보낸 편지 가운데 자신의 스승이었던 판태누스와 클레멘스를 아버지라 부르면서 그들에게 찬사의 말을 아끼지 않았다.[4]

이처럼 '교부'라는 용어는 보통 고대교회의 중요한 인물, 곧 하느님 말씀을 올바르게 전하며 교회의 기초를 놓은 분과, 교회 안팎에서 오는 위험으로부터 교회를 보호하고 신자들이 신앙을 키워 가도록 그들을 이끌어 준 주교와 스승을 일컫는 명칭으로 자리 잡게 되었다. 아우구스티누스는 교부의 역할에 대해 이렇게 전한다. "교부들은 사도들 다음으로, 교회를 심고 물과 양분을 주어 키운 이들로서, 그들의 자상하고 지칠 줄 모르는 봉사 덕분에 교회는 성장할 수 있었다."[5]

---

[3] 이레네우스 『이단 반박』 4,41.

[4] 에우세비우스 『교회사』 6,14,9.

[5] 아우구스티누스 『신국론』 10,32,1-3 참조.

교회를 지도하고 가르치는 교도권은 사도들에 이어 그 후
계자들인 주교들에게 전해졌다. 주교들은 교도권을 행사하면
서 계시 진리의 원천인 성서와 성전을 확정하고 주요 교리들
을 신조로 만들었다. 그리고 이단을 막고자 '교회회의'synodus
를 열어 공동으로 대처했다. 바로 이 시기에 저명한 저술가들
에게 '교부'라는 존칭이 붙여졌다.

본디 주교들에게 붙여진 '교부'라는 명칭은 사제들에게도
적용되어서, 아우구스티누스는 사제며 학자인 히에로니무스
를 교부라고 불렀다. 넓은 의미로는, 공의회를 준비하고 회의
를 주관한 주교들을 일컬어 '공의회 교부'라고도 한다(특히
니케아 공의회 교부). 그러나 엄밀한 의미로는, 몇 가지 기준
에 맞아야만 교부로 불릴 수 있다. 곧, 정통 신앙을 따르고 성
덕으로 빛나는 삶을 살았으며, 교회에서 교부라고 인정해야
하고 시대적으로 고대교회에 속한 이를 진정한 의미에서 교
부라고 부른다.

교부 시대는 초창기(100~300), 전성기(300~450), 쇠퇴기(450~
700)로 구분된다. 초창기는 니케아 공의회 이전 시대로, 사도
교부 · 호교 교부 · 신학 전통의 창시자들이 이 시기에 속한
다. 전성기는 4대 공의회 ─ 니케아, 콘스탄티노플, 에페소,
칼케돈 ─ 와 긴밀하게 연관되어 있으며, 여러 이단들로부터
교회의 신앙을 보호하기 위해 신학이 발전되었던 시기를 말
한다. 교부학에서 중요하게 거론되는 교부들이 대부분 이 시
대에 속한다. 동방교회에서는, 니케아 공의회의 결정 사항을
대표적으로 지지했던 아타나시우스, 카파도키아의 3대 교부
인 대 바실리우스와 나지안주스의 그레고리우스 그리고 니사
의 그레고리우스, 알렉산드리아의 치릴루스, 역사신학자 에

우세비우스, 유명한 설교자 요한 크리소스토무스, 예비자 교육의 대가 예루살렘의 치릴루스 등 수많은 교부들이 이 시대에 속한다. 서방교회에서는 힐라리우스, 암브로시우스, 아우구스티누스, 히에로니무스, 레오 1세 교황 등을 꼽을 수 있다. 쇠퇴기는 칼케돈 공의회 이후 시대로, 독창적인 작품들이 나오는 대신 옛 교부들의 저서들을 정리하여 펴낸 시기였다. 그레고리우스 1세 대교황이 이 시기를 빛낸 위대한 교부다. 이 밖에 교부들이 사용한 언어에 따라 그리스 교부, 라틴 교부, 동방 교부 — 시리아, 콥트, 아르메니아어 등 — 로 대별된다.

교부의 가르침

교부들은 교회의 전승을 보존해 온 신앙의 원천으로서 오늘날에도 다양한 가르침을 전해 주며, 빛과 기쁨 그리고 영성적 교훈이 가득 담긴 보고寶庫 역할을 하고 있다. 그들은 성서를 사랑하여 늘 읽고 묵상했으며, 깨달은 진리는 강론뿐 아니라 주해서와 같은 수많은 저서를 통해 신자들에게 알려 주었다. 교부들의 글은 모두 성서를 바탕으로 씌었고 성서 해설을 많이 남겼기에, 오늘날 우리가 성서를 연구하는 데 활력소가 되며 진한 감동을 주고 있다. 또한 교부들의 가르침이 성전聖傳의 주축을 이루고 있으므로 교부들의 저서를 읽고 공부하는 사람은 하느님의 계시에 접근하는 데 큰 도움을 얻는다.

더욱이 교부들은 삶으로 복음을 증거한 이들이므로, 그들의 생애를 본받고 따름으로써 기도와 성덕의 길로 나아가는 유익함을 얻을 수 있다. 그들은 하느님의 사람들로서, 그분의 사랑을 깨닫고 세상을 거룩하게 하며 복음을 선포하는 데 앞

장선 이들이다. 그리고 여러 위험에서 교회를 보호하고 신앙을 지킨 그들로부터 우리도 이단의 위험성과 올바른 신앙 생활의 참모습을 배우게 된다. 또한 교부 문헌을 통해 초세기 교회가 간직한 신앙의 뿌리에 접근함으로써, 천주교와 개신교 신자들의 일치 운동에도 도움을 줄 수 있으리라 생각한다.

또한, 무엇보다도 교부들은 기도하는 이들이었다. 그들은 기도로써 하느님께 가까이 가려고 했으며, 그들의 강론은 목마른 우리 영혼에 오아시스와도 같은, 위로와 기쁨을 선사하는 달콤한 샘 그 자체였다. 따라서 강론은 영혼을 치유하는 은혜로운 말씀이었다.

외경 문헌

1. 외경 문헌이란 무엇인가?

노성기

정경, 외경, 위경 용어의 구분

교회는 사도 전승에 따라서 어떤 문서들이 성서 목록에 포함되어야 할지를 결정했다. 이렇게 결정된 목록을 성서의 정경이라고 한다. 곧, 정경은 그리스도교가 하느님의 말씀이라고 고백하면서 최고의 권위를 부여하는 성서를 가리키는 용어다. 정경인 성서는 크게 구약성서와 신약성서로 나누어진다. 신약성서가 27권으로 이루어져 있다는 것은 모든 종파가 인정한다.

그러나 구약성서의 범위는 종파에 따라 조금씩 차이가 있다. 개신교에서는 유대교에서처럼 히브리어 구약성서 39권만 정경으로 인정했다. 그러나 히브리어 성서를 그리스어로 번역한 70인역에는 유대교와 개신교에서 받아들이지 않는 7권의 구약의 책들이 있다. 가톨릭 교회는 이러한 책을 '제2 경전'으로 여기며, 트렌토 공의회(1546)에서 이 7권을 포함한 46권을 정경 목록으로 최종 확정지었다. 트렌토 공의회가 제2

경전을 인정한 것은 북아프리카 교회회의(391, 397)의 결정 사항을 존중한 것이기도 하지만, 그보다 더 중요하게 생각했던 것은 전례적인 측면이었다. 동방교회와 서방교회가 모두 제2 경전을 전례에 사용하고 있었기 때문이다.

개신교는 구약성서의 '제2 경전'을 '외경'으로, 구약성서의 정경이 경전이 아닌 작품을 '위경'으로 부른다. 반면 가톨릭교회는 작품의 제목, 내용, 형태에서 성서와 밀접한 관계가 있지만 정경에 속하지 않는 작품을 '외경'으로 여긴다. 이는 개신교의 '위경'에 해당한다. 가톨릭 용어에 따른 이러한 외경에는 구약성서 외경과 신약성서 외경이 있다.

신약 외경 문헌의 탄생 배경

신약성서의 경전이 언제 어떤 기준으로 확정되었을까? 기원후 200년경까지 경전과 외경이 구분되지 않고, 각 지역교회의 판단에 따라 교회 문헌들이 자유롭게 사용되었다. 하지만 그리스도교는 이단이 발생하자 신자들이 혼란에 빠지지 않도록 성서의 경전 목록을 확정할 필요성을 느꼈다. 4세기에 이르러서야 27권이 마침내 경전으로 확정되었지만 이러한 과정은 대략 2세기 말에 정해졌다.

그럼 교부학의 연구 대상인 신약의 외경外經 문헌은 어떻게 생겨났을까? 정경 신약성서에는 예수님 탄생 이전의 역사와 어린 시절은 물론 마리아의 생애와 사도들의 선교 활동을 자세히 설명하고 있지는 않다. 따라서 초대교회 신자들은 성서에서 언급하지 않는 예수님과 마리아의 생애, 그리고 열두 사도의 활약상에 대해서 호기심과 궁금증이 아주 컸다. 그리스도인들의 이러한 호기심을 충족시켜 주고자 2~4세기에 걸쳐 수많은 외경 문헌들이 생겨나게 되었다.

신약의 외경에 나오는 내용들은 주로 복음서에 기록되지 않고 구전으로만 전해 오던 역사적인 사실을 토대로 각색된 것으로, 때로는 아주 유치한 우화적 성격을 띤 내용들도 있다. 그런가 하면 이단자들이 자신들의 교의를 전파하기 위해 만들어 낸 내용들도 있다. 따라서 외경은 정경과 같은 확실성을 나타내지 않기 때문에 정경으로 인정받지 못한다.

유형에 따른 외경의 구분

신약의 외경에는 외경 복음서, 외경 서간, 외경 행전, 외경 묵시록이 있다. 외경 복음서에는 『야고보 원복음』, 부활한 그리스도와 제자들이 나눈 대화인 『사도들의 편지』, 『토마스 복음』, 『빌라도 행전』을 담고 있는 『니코데모 복음』, 『바르톨로메오 복음』, 『베드로 복음』 등이 있고, 외경 행전에는 『베드로 행전』, 『테클라 행전』을 담고 있는 『바오로 행전』, 『안드레아 행전』, 『요한 행전』, 『필리포 행전』 등이 있으며, 외경 서간에는 『바오로가 라오디케아인들에게 보낸 서간』, 『바오로와 세네카가 주고받은 편지』, 『바르나바의 편지』 등이 있고, 외경 묵시록에는 『베드로 묵시록』, 『바오로 묵시록』, 『여자 예언자들의 신탁』, 『헤르마스의 목자』 등이 있다.

외경의 가치와 영향

신약의 외경들은 초대교회 신자들의 관심사뿐 아니라 그들의 생활과 이상을 자세하게 보여 준다. 소아시아와 인도 등지로 선교를 떠난 사도들의 활약상, 전설적인 모험담, 간절히 열망하던 순교 장면 등이 담겨 있다.

외경 문헌은 신학과 전례를 발전시키는 데도 큰 영향을 미쳤다(부활 신앙, 마리아론, 천사론, 마귀론 등). 마리아의 봉헌이나 요아킴과 안나의 이름, 구유 옆에 있던 황소와 나귀, 동방박사의 숫자와 이름 등도 외경에서 유래되었고, 마리아의 생애, 예수님의 어린 시절, 열두 사도, 특히 베드로와 바오로의 활동과 수호천사에 대한 이야기 등 성서에 나오지 않는 내용들 모두 외경에 들어 있다. 또한 외경 문헌은 중세의 예술과 문화, 영화와 신대륙 발견에도 커다란 영향을 주었다. 미켈란젤로와 라파엘로가 외경의 영향을 받아 그림을 그렸다. 단테는 『에즈라의 환상』과 『바오로 묵시록』에서 영감을 받아 『신곡』을 저술했고, 밀턴은 아담과 하와의 이야기에서 영감을 받아 『실낙원』을 저술했다. 『베드로 행전』에 나오는 "쿠오바디스, 도미네?"(주님, 어디로 가십니까?)라는 내용을 바탕으로 「쿠오바디스」라는 영화가 제작되기도 했다.

이처럼 외경 문헌은 초대교회의 역사적·사상적·신학적 여러 전통과 가치관 그리고 윤리 의식을 이해하는 데 필수적일 뿐 아니라, 예술과 문학을 이해하는 데에도 아주 요긴하다. 외경 문헌은 우리가 2천 년 전 초대교회로 되돌아갈 수 있도록 도와준다는 점에서, 교과서라 할 수 있는 성서 내용을 잘 이해하게 해 주는 참고서라 할 수 있다.

2. 외경 복음서: 『야고보 원복음』

이연학

『야고보 원복음原福音』*Protoevangelium Iacobi*으로 알려져 있는 이 고대 문헌은 예수의 유년기를 다루는, 이른바 '유년기 복음' 외경 그룹에 속한다. 이 문헌들은 경전 복음서 — 정경으로 인정된 4복음서 — 가 예수에 대하여 여러 면에서 더 알고자 하는 열심한 신자들의 욕구를 채워 주지 못했기에 이를 보완하려는 의도에서 씌었다. 그러므로 이 계통의 문헌은 대개 경전 복음서에 상세히 기록되지 않은 예수 탄생 이전의 역사와 그분의 유년기를 다룬다. 이들 가운데 가장 중요한 것이 바로 『야고보 원복음』이다. 『야고보 원복음』의 주요 관심사는 예수의 어머니 마리아로서, 복음서들에 충분하게 묘사되지 않은 그분 생애의 여러 부분을 전해 주고 있다.

  학자들은 이 문헌이 기원후 100년 중반 이집트에서 저술되었으리라 보는데, 『야고보 원복음』이라는 이름은 1552년 프랑스 예수회원 기욤 포스텔이 이 작품을 라틴말로 번역하면서 달았던 제목에서 유래한다. 문헌의 저자 스스로 자신을 예수의 형제, 야고보로 믿게 하려고 작품 맨 끝에 '야고보'로 소개하고 있는 데다, 예수께서 탄생하기 이전의 역사를 다루고 있기에 연대순으로 복음서들 가운데 첫째라는 뜻으로 포스텔은 '원*proton*복음'이라 불렀던 것이다. 작품의 내용을 소개하면 대략 다음과 같다.

작품의 내용

하느님께서는 부유하고 신심 깊으나 자식이 없어 괴로워하는 요아킴과 안나 — 바로 여기서 교회사에서 처음으로 성모님의 부모 이름이 등장한다 — 에게 신비로운 방식으로 마리아를 점지해 주셨다. 불임의 여인 안나는 마치 한나와도 같이 (1사무 1장 참조) 하느님께 신세를 한탄하며 간절한 청원의 기도를 바치고, 마침내 천사가 나타나 안나의 기도가 들어 허락되었음을 알려 준다. 이리하여 요아킴과 안나는 마리아를 얻게 되고, 기쁨에 넘친 이들은 마리아를 하느님께 온전히 봉헌했다. 그래서 마리아는 세 살부터 예루살렘 성전에 살게 되고, 그곳에서 천사가 그를 양육했다. 성령으로 말미암아 하느님의 말씀을 잉태할 마리아의 몸 그 자체가 신령한 성전이므로, 그분이 성전에서 자라고 교육받은 것은 지당한 일이라 하겠다. 열두 살이 된 마리아에게서 성숙한 여인의 표징이 생기게 되었을 때 대사제 자카리야는 천사의 명에 따라 온 나라의 홀아비들로 하여금 각자 지팡이를 들고 성전에 모이게 했다. 그때 요셉의 지팡이에서 비둘기가 튀어나와 그의 머리 위에 앉았다. 이리하여 요셉이 동정녀 마리아의 보호자요 배우자로 간택되었다. 당시 요셉에게는 이미 장성한 아들들이 있었다. 이후 마리아가 다른 동정녀들과 함께 성전의 장막을 짰다는 이야기와 함께, 천사 가브리엘로부터 살아 계신 하느님의 아들을 잉태할 것이라는 전갈을 받는 이야기가 나오는데, 이 부분은 대체로 루카 복음의 묘사와 비슷하다. 마리아가 엘리사벳을 방문하고 나서 임신한 지 6개월이 지났을 때 요셉은 오랜 기간 이어진 다른 지방의 토목 공사 작업에서 돌아와 사태를 보고 몹시 근심하고 당황했다. 그러나 꿈에 나타난 천사의 이야기에 안심이 되어 계속 마리아를 보호했다. 이후 요셉은 호적 등록을 하기 위해 베들레헴으로 가는 도중에 해산의 기미를 보이는 마리아를 베들레헴 근방 동굴에 데려다 놓고 산파를 찾으러 나섰다. 산파는 아기의 놀라운 탄생을 요셉과 함께 체험하며, 아기를 낳은 뒤에도 마리아는 여전히 처녀성을 간직하고 있었음을 확인했다. 그러나 살로메라는 이름의 다른 산파는 이 이야기를 의심하며 마치 예수 부활을 의심하던 토마처럼 손으로 직접 확인하다가 손이 말라비틀어지는 횡액을 당하게 되었다. 하지만 천사의 말에 따라 살로메가 손을 뻗어 태어난 아기를 만졌을 때 즉시 치유되었다. 『야고보 원복음』은 헤로데에 의한 자카리야의 순교 이야기로 대단원의 막을 내리고 있다.

후대에 끼친 영향과 의미

『야고보 원복음』은 382년 「겔라시아누스 교령」의 단죄를 받았지만, 마리아에 관한 초대 그리스도교의 신심을 잘 보여주는 가장 중요한 외경 문헌으로서, 영향력과 가치를 과소평가할 수 없다. 왜냐하면 이 작품은 후대의 교회 전례와 신심 그리고 예술 분야에 엄청난 영향을 미쳤기 때문이다. 예컨대, 필자의 모원 — 몬테 올리베토 — 에도 오래 전부터 '아기 성모님' 신심이 있어 해마다 복되신 동정 마리아 탄신 축일인 9월 8일에 아기 성모님 상을 들고 행진하는 관습이 있는데, 그 연원은 바로 이 문헌에 닿아 있다고 할 것이다. 나아가, 다소 황당무계하고 신화적인 표현들이 등장하지만 여기 단순한 방식으로 드러난 민중의 신앙 감각sensus fidelium과 열망이 후대의 마리아론과 관련된 교의 형성에도 중요한 역할을 담당했음을 미루어 짐작할 수 있다. 『야고보 원복음』은 성모님의 영원한 동정성과 신적 모성母性을 특별히 강조함으로써 "예수는 로마 군인 판테라와 마리아 사이에 태어난 사생아"라고 주장하는 이교인 논쟁가 켈수스(178년경)와 여타의 악의적 뜬소문을 반박하고자 했다. 같은 맥락에서, 마태오 복음 12장 47절 등에서 언급되는 '예수의 형제들'이 사실은 요셉이 첫 결혼에서 얻은 아들들이라고 말하면서 마리아의 평생 동정성을 옹호했다. 그러나 공교롭게도 바로 이런 해석이 교회로 하여금 공식적으로 이 문헌을 인정하지 않는 결과를 초래했다. 히에로니무스가 요셉 역시 평생 동정이었다고 강조하면서 '예수의 형제들'을 사촌 형제들로 이해하고, 이를 바탕으로 『야고보 원복음』을 논박했기 때문이다.

　『야고보 원복음』이 겪은 이런 역사를 살피노라면, 복음서에 기록되어 있지 않은 성모님에 대한 많은 이야기들도 중요하지 않은 것은 아니겠지만, 우리의 신앙 생활을 위해서는 실상 복음서 안에 나타난 성모님 모습을 잘 살피고 본받는 것이 가장 중요하다는 취지의 말씀을 남긴 아기 예수의 성녀 데레사를 절로 떠올리게 된다.

3. 외경 행전: 『베드로 행전』

최원오

베드로와 바오로의 행적을 중심으로 교회 탄생 이야기를 전해 주는 성서 정경正經은 '사도행전'이다. 비록 성서 정경에는 포함되지 않았지만, 사도들의 생애, 선교 활동과 순교 등을 담고 있는 책들도 있는데, 이를 '외경 행전'이라 부른다. 예컨대, 『베드로 행전』, 『바오로 행전』, 『토마스 행전』, 『요한 행전』 등이 여기에 속하며, 이 가운데 가장 오래되고 유명한 것이 바로 『베드로 행전』 Acta Petri이다. 이 작품은 180~190년경에 소아시아 또는 로마에서 씌어졌으나, 저자가 누구인지는 알 수 없다. 오늘날 우리에게 전해지고 있는 작품은 원작의 2/3 정도에 지나지 않는다. 아마 잃어버린 부분에는 베드로 사도가 로마에 가기 전, 예루살렘에서 활동한 내용이 담겨 있었을 것으로 미루어 짐작한다.

『베드로 행전』은 베드로 사도가 로마에서 활동하고 순교한 이야기를 전해 준다. 그 내용은 대략 이러하다. 바오로 사도가 로마의 그리스도인들과 작별하고 스페인으로 떠나자, 마술사 시몬이 로마에 와서 갖가지 현란한 묘기로 그리스도인들을 유혹한다. 바로 이때 베드로가 로마에 건너와서 마술사 시몬과 서로 여러 가지 기적 시범을 보이면서 한판 대결을 벌이게 된다. 멋지게 하늘을 나는 시범을 보이던 마술사 시몬은 베드로의 기도로 말미암아 떨어져서 다리가 세 군데나 부러지게 되는데, 이 대목은 마치 무협소설을 읽는 듯한 느낌마저 들게 한다. 마침내 기적 대결은 베드로의 승리로 끝나고, 마술사 시몬은 들것에 실려 가서 수술을 받았으나 죽고 만다.

주님, 어디로 가십니까?

『베드로 행전』의 절정은 뭐니 뭐니 해도 로마를 빠져나가던 베드로 사도가 다시 십자가 형장으로 발길을 돌리는 대목이다. "주님, 어디로 가십니까?"(쿠오바디스 도미네?)라고 여쭙는 베드로에 관한 유명한 일화가 이 행전에 아름답게 간직되어 있다. 『베드로 행전』에 따르면, 베드로 사도는 로마에서 금욕 생활에 관해서 설교했다. 베드로의 가르침에 감명을 받은 수많은 부인들은 남편과 헤어지거나 정상적인 부부 생활을 거부했다. 그 결과, 베드로는 로마 집정관이었던 아그리파의 미움을 사게 되었다. 죽음의 위협을 느낀 베드로는 혼자서 로마를 빠져나가고 있었다. 바로 이때 예수와 베드로의 극적인 만남이 이루어진다. 본문을 직접 읽으면서 그 감동에 젖어 들어 보자.

로마 성문을 벗어나자, 베드로는 로마로 들어가시는 주님을 뵈었다. 베드로가 "주님, 어디로 가십니까?"라고 여쭈었다. 주님께서는 "십자가에 못박히려고 로마로 가는 길이오"라고 말씀하셨다. 베드로가 "주님, 십자가에 다시 못박히시겠다는 말씀입니까?"라고 여쭈었다. 주님께서 "그렇소, 베드로. 나는 다시 십자가에 못박힐 것이오"라고 대답하셨다. 그제서야 베드로는 제정신을 차렸다. 그리고 하늘로 다시 오르시는 주님을 뵈었다. 마침내 베드로는 기쁨에 가득 차서 주님을 찬미하면서 로마로 돌아갔다. 왜냐하면 "십자가에 못박힐 것이오"라는 주님의 말씀은 베드로에게 일어나야 할 일이었기 때문이다.[6]

십자가에 거꾸로 못박힌 베드로

이미 예수께서 예고하신 운명대로(요한 21,18-19 참조), 베드로는 집정관에게 잡혀가 사형선고를 받게 된다. 사형장에 들어선 베드로는 사형집행자들에게 머리를 아래로 해서 십자가에 못박아 달라고 청한다. 우리는 흔히 베드로가 주님이신 예수와 똑같은 모습으로 십자가에 매달릴 수 없다고 고집하여 십자가에 거꾸로 못박혔다고 알고 있지만, 『베드로 행전』이 전해 주는 내용은 조금 다르다. 베드로에 따르면, 죄 많은 인간은 태어날 때부터 거꾸로 태어났다. 그 결과 인간의 눈에는 "추한 것이 아름다운 것으로, 악한 것이 선한 것으로"[7] 뒤바뀌어 비쳐졌다. 그러니 죽을 때에도 세상을 거꾸로 살아온 죄인답게 십자가에 거꾸로 매달려야 한다는 것이다. 그리하여 베드로는 스스로 모든 죄인의 상징이 되어 십자가에 매달렸고, 마지막 순간까지 인간들의 회개를 외치고는, "감사합니다"라는 말을 남기고 숨을 거두었다.

---

[6] 『베드로 행전』 35.
[7] 『베드로 행전』 38.

지금도 로마 변두리 아피아 길에는 베드로와 주님의 만남을 기념하는 '쿠오바디스 성당'이 자그마하게 자리 잡고 있다. 시골 냄새가 물씬 풍기는 이 길을 걷노라면, 다시 로마로 발길을 돌리던 베드로 사도가 전해 주는 그 뜨거운 사랑의 마음을 느낄 수 있을 듯하다. 베드로가 정말 『베드로 행전』이 전하는 대로 주님을 다시 만나 뵈었는지 자신 있게 이야기할 수 있는 사람은 이 세상에 아무도 없다. 그러나 분명한 것은 『베드로 행전』이 전해 주는 베드로의 회심과 순교 이야기는 적어도 성서 정경이 전해 주는 베드로 사도의 사람됨과 결코 모순되지 않을 뿐 아니라, 오히려 베드로의 참된 면모를 더욱 잘 드러내 준다는 것이다.

사실 외경들 가운데는 이단 무리가 자신들의 그릇된 주장이나 신학을 합리화하기 위하여 억지로 꾸며 낸 것들도 있다. 이단자들이 꾸미고 멋대로 고친 외경은 복음의 근본정신과 어긋나는 내용들을 담고 있기에 천박하고 조잡하기 이를 데 없다. 그 덕분에 오늘날 우리가 지니고 있는 성서가 얼마나 참되고 순수한 것인지 더 잘 드러난다. 이와는 반대로 비록 외경이지만, 『베드로 행전』처럼 성서를 더욱 풍요롭게 해 주는 것들이 있다. 이러한 성서 외경은 성서 정경과 아름다운 조화를 이룰 뿐 아니라, 알게 모르게 교회 신심으로 자연스레 자리 잡고 있다. 이것이 바로 『베드로 행전』과 같은 외경이 지닌 매력이다.

4. 외경 서간: 『바르나바의 편지』

하성수

편지의 경전성과 저술 목적

　『바르나바의 편지』*Epistula Barnabae*는 130~132년에 이교인 출신의 저자가 교의적이고 도덕적이며 실천적인 내용을 주로 다룬 논문이다. 이 편지는 그 유명한 시나이 사본에서는 신약성서(요한 묵시록) 바로 다음에 수록되어 있다. 알렉산드리아의 클레멘스는 바오로 사도의 선교 동반자인 바르나바가 이 편지를 썼다고 전하며, 오리게네스는 영감을 받은 작품이자 '가톨릭 서간'으로 이 편지를 인용한다. 따라서 이 순회서간은 4세기까지 고대의 많은 지역에서 경전으로 인정받아 교회 전례에서 낭독되었다. 그러나 에우세비우스는 이 편지를 비경전 작품으로, 히에로니무스는 외경으로 여겼다. 『바르나바의 편지』는 전통적으로 사도 교부 문헌으로 분류되며 외경으로도 평가된다.

　저자의 저술 목적은 독자들에게 '믿음과 더불어 완전한 인식'을 얻게 하려는 데 있다. 또한 독자들에게 구약성서에 나타난 계시의 올바른 가치와 의미를 제시한다. 이를 위해 그는 성서의 문자적 해석 방식을 거부하고 그 대신 영적 해석을 통해 '완전한 인식'에 이르는 길을 설명한다.

성서 해석

『바르나바의 편지』의 신학적 의미는 처음으로 구약성서 전체를 예형론적·도덕적 의미에서 그리스도와 그리스도교적 생활 방식에 대한 예언으로 이해하는 데 있다. 저자는 성서에는 시대를 초월한 의미가 담겨 있다고 인식했다. 곧, 성서에 쓰인 많은 낱말에는 다른 의미가 담겨 있기에, 그 낱말의 의미를 이해하기 위해서는 성서의 다른 부분에서 참된 뜻을 찾아야 한다는 것이다. 이러한 점에서 고대의 세속적 해석 방법인 '호메로스는 호메로스에게서', 곧 '저자 자신이 해석가'라는 원칙과 알렉산드리아 출신인 필론의 알레고리적 해석 방법을 따른다고 볼 수 있다.

두 부분으로 나뉜 제1부에서는, 유대인이 사용하는 구약성서의 문자적 해석을 악한 천사의 속임수에 넘어가 야기된 그릇된 견해라고 반박하면서, 주님의 영이 예언한 구약성서를 영적, 곧 우의적·예형론적으로 해석한다. 또한 구약의 역사에 관한 상이한 사건과 예식을 그리스도와 그리스도인들의 예형으로 보았다. 곧, 무엇보다도 육화, 그리스도의 수난, 십자가 위에서의 죽음을 그 증거로 내세운다. 모세가 눈의 아들에게 예수(여호수아)라는 이름을 붙여 준 것을 그리스도 육화의 예형으로, 아말렉을 쳐 이긴 여호수아의 승리를 악마와 원수에 대적하여 하느님 아들이 승리한 예형으로 여긴다. 또 이사악을 희생 제물로 바친 것과 모세가 뱀의 재앙 때 구리뱀을 기둥에 단 것도 그리스도가 십자가에 못박히는 예형으로 해석한다. 마찬가지로 리브가의 태에서 나온 두 민족은 유대인과 그리스도인으로 해석했으며, 야곱이 에사오보다 탁월하고 에브라임이 므나세보다 탁월한 것은 늙은 유대인보다 탁월한 젊은 그리스도인의 예형으로 이해했다.

그 밖에도 후대의 주석가들 사이에서 계속 나타나는 숫자에 상징적 의미를 부여한다. 아브라함이 할례를 베푼 종 318명이 그것이다. 숫자 318에서 300(τ)은 십자가를, 10(ι)과 8(η)은 예수의 첫 두 철자를 나타내기 때문에, 아브라함이 318명의 종에게 할례를 베푼다는 것은 그리스도의 십자가와 죽음을 통한 구원의 신비를 의미한다는 것이다.

또한 저자는 모세의 음식 규정도 도덕적·우의적 의미로 해석한다. 이 규정은 인간에게 부정한 짐승들의 고기를 먹지 마라는 것이 아니라 그리스도인이 어떤 교제를 피해야 하는가를 암시한다. 돼지는 부유할 때는 주님을 잊었다가 곤궁할 때만 주님을 찾는 사람으로, 독수리는 스스로 양식을 얻지 않고 불법으로 다른 사람의 소유물을 빼앗는 사람으로, 물고기는 불경스러운 이단자로, 토끼는 어린이 능욕자로, 하이에나는 매년 자웅을 바꾸기 때문에 부도덕한 처신을 하는 사람으로 이해했다. 이러한 도덕적·우의적 이해는 굽이 갈라진 동물들의 해석에서도 나타나는데, 저자는 유대인과 달리 이 동물들을 경건한 사람들과 교제하는 사람, 곧 하느님의 계명을 지키고 되새기는 사람들이라고 한다.

유대인의 문자적 해석을 철저히 거부하는 우의적 해석은 다음과 같은 요소에서도 나타난다. 할례는 우리 영혼이 진리를 향해 나아가는 할례지 겉으로 드러난 육체의 할례를 뜻하지 않으며, 안식일은 여섯째 날이 아니라 두 번째 창조의 완전한 실재인 주님의 부활을 기념하는 일곱째 날, 곧 주님의 날이다. 또한 참다운 성전은 인간이 세운 건물이 아니라 죄의 용서를 통하여 주님의 이름에 희망을 품고 주님 안에서 새로운 인간이 된 사람들의 영적인 건물로 해석한다. 마찬가지로 하느님을 위한 참다운 희생 제물은 죄를 뉘우치는 마음임을 강조하며, 올바른 단식은 육체적인 금식이기보다는 이웃 사랑과 선행이 따르는 것임을 증명한다.

한편, 유대인에 대해 매우 극단적인 표현도 나타난다. 편지에 따르면, 하느님과 유대 민족 사이에는 결코 계약이 없었으며 성서에 관한 그들의 문자적 이해는 근본적으로 그릇된 견해다. 그리하여 독자들에게 구약이 유대인과 그리스도인 모두에게 속한다는 신념을 경고한다. 유대인은 우상숭배로 모세가 시나이 산에서 내려오면서 계약판을 부수었을 때 이미 하느님과의 계약이 깨졌기 때문에, 구약은 결코 그들에게 속하지 않는다는 것이다.

저자에 따르면, 세상의 시대는 세상이 창조된 기간인 6,000년 동안 지속된다. 주님께는 하루가 천 년과 같기 때문이다. 그 뒤 주님의 아들이 세상에 와서 악마의 시대를 끝내고 사악한 이들을 심판하며, 해와 달과 별을 변화시킬 때 천년왕국이 시작된다는 것이다. 이 기간은 주님께서 칠 일째 쉬신 날에 해당한다.

윤리적 권고

제2부에서는 생명의 길과 죽음의 길을 다룬 『디다케』의 첫 부분과 내용이 비슷하게 빛과 어둠의 길에 대해 서술한다. 빛

의 길은 하느님과 이웃을 사랑하고 선행을 실천하는 길이며, 어둠의 길은 온갖 악습과 죄악의 길이다. 이와 더불어 저자는 낙태로 태아를 죽여서는 안 되며 남에게 베푸는 데 주저하지 말고 과부들과 고아들과 가난한 이들을 돌보아 주라는 등, 수많은 윤리적 권고로 작품을 맺는다.

5. 외경 묵시록: 『헤르마스의 목자』

하성수

사도 시대 이후의 참회

『헤르마스의 목자』Pastor Hermae는 130~140년경 로마에서, 피우스 교황(140~155 재위)과 형제간인 헤르마스가 저술한 작품이다. 이 작품은 고대교회의 일부 공동체에서 전례 때 공식적으로 낭독되고 경전으로 인정될 만큼 상당한 인기를 누렸다. 『헤르마스의 목자』에서 가장 중요한 주제는 세례를 받은 뒤 죄를 지은 그리스도인에게 구원의 방법을 제시하는 참회다. 고대교회의 참회는 오늘날의 고해성사에 해당한다.

복음서와 사도들의 편지를 보면, 사람들이 서로 죄의 용서를 청하기도 하고 받기도 한다. 그런데 고대교회에서 참회한 죄인들의 모든 죄는 늘 용서받는다는 확신이 이후로도 계속 변하지 않았는가? 그렇지 않다. 히브리인들에게 보낸 편지와 요한의 첫째 편지에는 이러한 변화를 암시하는 몇몇 구절이 있다. "한 번 빛을 받아 하늘이 내린 선물을 맛보고 성령을 나누어 받은 이들이, 그리고 하느님의 선한 말씀과 앞으로 올 세상의 능력을 맛본 이들이 떨어져 나간다면 다시는 회개하여 새로워질 수 없습니다. 그것은 스스로 하느님의 아드님을 거듭 십자가에 못박고 모욕하는 것입니다"(히브 6,4-6).

2~3세기에 노바티아누스파와 다른 엄격주의자들은 이 구절들을 엄격한 참회의 의미로 해석했다. 또한 세례 후 중죄를 지은 모든 그리스도인을 마침내는 공동체에서 내보내는 것으로 이해했다. 한편, 다른 이들은 매우 권위적이고 결정적인 이 구절을 엄격한 규율 조치라기보다는 당시의 절박한 상황에 대처할 교훈적 경고로 받아들였다. 따라서 히브리서 6장 4~6절에서 말하는 참회는 원칙적으로 다시는 참회할 수 없다는 불가능한 참회가 아니라 당시 배교자들의 경험에 비추어 볼 때, 그들이 다시는 참회하기 어렵다는 뜻으로 허구적으로 불가능한 참회로 이해되었다.

『헤르마스의 목자』의 참회론

참회가 고대교회에서 어떻게 개별적으로 행해졌는지는 여러 면에서 분명치 않다. 다만 1~2세기 전환기와 2세기 전반기에 씌어진 일부 작품에서 참회가 어떻게 이루어졌는지 추론할 따름이다. 『헤르마스의 목자』의 참회론은 2세기 중엽의 신학 발전을 이끄는 데 중요한 구실을 했다. 참회 논쟁은, 세례를 받은 뒤에는 참회를 할 수 없는 당시 상황에서 헤르마스가 처음으로 세례를 받은 뒤에도 참회와 용서를 할 수 있다고 선포했는지, 아니면 여러 번에 걸쳐 이루어진 참회를 단 한 번으로 제한했는지에 관한 문제에서 출발했다. 첫째 경우는, 교회의 성성聖性 때문에 세례 후 참회를 거부한 원시 그리스도교의 엄격함을 헤르마스가 완화했다는 입장이고, 둘째 경우는, 그가 참회를 단 한 번으로 제한함으로써 일반적인 참회 관습을 강화했다는 입장이다. 지금까지 논의된 내용으로 볼 때, 둘째 해석이 더 그럴듯하다. 왜냐하면 실제로 교회는 공동체에 속하기 위해서 절대로 죄를 짓지 말아야 한다는 엄격한 조건을 요구하지 않았으며, 그리하여 참회할 뜻이 있는 죄인을 교회에 다시 받아들였기 때문이다. 따라서 헤르마스가 세례 후 참회를 한 번 더 할 수 있다는 가능성을 내세운 것은 이전의 관대한 관습을 더 엄격하게 강화한 것이라 하겠다. 그 이후로 고대 그리스도교는 세례를 받은 뒤 다시 지은 죄에 대해 한 번의 참회만 허용했다.

고대 참회의 문제점

한 번만 허용된 고대교회의 엄격한 참회는 신자들에게 크나큰 희생을 요구하는 엘리트 교회의 관습이었다. 이 때문에 이미 테르툴리아누스 이래로 많은 그리스도인이 공개적 참회 조치로 자기 약점이 온 세상에 드러나게 되자 수치심을 느끼고 참회를 멀리했다. 그리하여 신자들이 교회의 용서를 얻기보다 오히려 죄지은 상태에 머무르려 한다는 개탄의 목소리가 흘러나왔다. 이러한 개탄은, 콘스탄티누스가 종교의 자유를 허용한 뒤 많은 사람이 교회로 몰려들면서 더 심화되었.

교회는 새로운 상황을 맞이하면서도 유연한 입장을 취하지 않고, 많은 점에서 참회 규정들을 더욱 강화했다. 특히, 일회적 참회 원칙은 서방에서 철저히 지켜졌다. 이 경우 참회에 뒤따르는 보속이 강화되어(예: 평생 성생활을 하지 않는다), 지키기도 힘들고 어렵게 되자 참회는 급기야 임종 때까지 연기되었다. 한마디로 말해, 참회한 사람은 교회에 받아들여진 뒤 거의 수도자와 같은 생활을 해야 했다. 게다가 참회를 하고 나면 일반 신자들은 당연한 권리조차 가지지 못하여, 성직자가 될 수 없으며, 어떤 공적인 교직도 받지 못했다.

참회는 세례의 특성처럼 한 번밖에 할 수 없다는 생각이 확고해지면서 적지 않은 문제가 뒤따랐고, 참회 제도 자체가 위기에 빠졌다. 죄를 지은 그리스도인은 교회에서 정한 참회를 죽을 때까지 연기하기 시작했고, 교회는 이를 감수해야만 했다. 더구나 506년 아그드 교회회의는 사목적 이유에서 35세 이하의 젊은 사람들에게 참회를 금했다. 538년 오를레앙 교회회의는 나이 든 이들도 배우자의 동의가 있을 때만 참회하는 것을 허용했다. 이로써 참회는 실제 삶과 멀어져 사랑과 용서라는 공동체 성격이 사라지고, 생명을 위해 용서하는 성사가 죽음을 준비하는 수단이 되었다. 이러한 풍조는 세례 자체에도 영향을 미쳤다. 사람들은 세례 후 참회하는 것보다 평생 세례 지원자로 있는 것이 더 낫다고 생각하여 세례를 죽을 때까지 미루었다. 사람들은 "세례복을 입은 채 사망한"이라는 표현을 묘비에 자랑스럽게(?) 기록했다.

대안적 참회 방식

이러한 갈등 상황은 5~6세기에 접어들어 세계의 변두리인 아일랜드와 영국에서 사목적 필요성에 따라 해결되었다. 이 지역 사람들은 먼저 공개적인 참회를 포기하기 시작하고, 주교나 사제, 수도자에게 개인적으로 죄를 고백하고 보속을 받았다. 이 방식은 아일랜드와 영국이 대륙 선교를 나서면서 서방에 널리 퍼져 일반적인 해결책으로 자리 잡게 되었다. 그 뒤 모든 신자가 해마다 한 번씩 고해성사를 보아야 한다는 규정은 1215년 제4차 라테란 공의회에서 결정되어 오늘날에 이르고 있다.

II

사 도 교 부

1. 사도 교부란 누구인가?

장인산

사도 교부 이전 시대

　성령의 도우심에 힘입은 사도들은 주님께서 남겨 주신 사명, 곧 온 세상 모든 사람에게 복음을 전하라는 말씀을 따라 많은 사람을 개종시켜 예수님을 믿게 했다. 이로써 최초의 그리스도교 신앙 공동체인 예루살렘 모교회母敎會가 탄생했다. 초대교회는 사도들의 지도를 받으면서 날마다 성전에 모여 한마음으로 기도드리고 집집마다 돌아가며 음식과 가진 것을 서로 나누었다. 그러다가 신자 수가 증가함에 따라 초대교회는 사도들의 협력자로 스테파노를 비롯한 일곱 명의 봉사자를 선출했다.

　그러나 그리스도교가 급속도로 성장하자 유대교는 그리스도교를 박해하기에 이르렀고, 그 결과, 스테파노와 예루살렘 교회의 주교였던 사도 야고보가 순교하고 사도 베드로는 감옥에 갇히자, 신자들은 예루살렘을 떠나 타 지역으로 옮겨가기 시작했다. 마침내 예루살렘 교회의 주교였던 차次야고보가 순교한 뒤 예루살렘 교회는 그 중요성을 잃고 말았다. 예루살렘을 떠난 신자들과 사도들은 사방으로 흩어져 복음을 전파했다. 그 결과 시리아의 안티오키아에도 교회가 탄생하게 되었다. 예루살렘이 파괴되고 나서 로마 교회와 안티오키아 교회는 초대교회 안에서 두 기둥 역할을 했다.

사도 교부 시대

사도들의 순교로 말미암아 그 후계자들에게 교회를 지도할 책임이 맡겨지게 되었는데, 로마 교회는 사도 베드로에 이어 리누스, 아나클레투스, 클레멘스 주교가 신자들의 목자가 되었다. 안티오키아 교회는 사도 베드로와 바오로에 이어, 이냐티우스가 주교가 되었다. 스미르나 교회는 사도 요한의 제자였던 폴리카르푸스가 주교가 되었는데, 이들을 일컬어 '사도 교부'라고 한다. '사도 교부'[8]라는 명칭은, 사도들이나 그 직제자들의 입을 통해 복음을 전해 들었으리라 여겨지는 주교들을 총칭하여 부르는 교부학 용어다. 사도 교부 시대는 사도들로부터 세워진 교회들이 뿌리내리는 시대다. 사도 교부란 신약성서 이후부터 호교 교부 시대 이전의 초대교회에 속한 이들을 가리킨다.[9]

예컨대, 클레멘스(92~101 재위)는 베드로에게서 직접 안수를 받았다고 전해지며, 베드로 · 리누스 · 아나클레투스에 이어

---

[8] 개신교에서는 '사도 교부'를 '속(屬)사도 교부'라고도 한다.

[9] 사도 교부 문헌에는 전통적으로 로마의 클레멘스의 『코린토인들에게 보낸 편지』, 안티오키아의 이냐티우스의 『편지』, 『바르나바의 편지』, 스미르나의 폴리카르푸스의 『편지』, 『헤르마스의 목자』, 히에라폴리스의 파피아스의 『단편』, 『디오그네투스에게』, 『디다케』, 콰드라투스의 『단편』이 속한다.

로마의 제4대 주교가 되었고, 도미티아누스 황제의 박해 때 순교한 성인이다. 그가 95년경에 써 보낸 『코린토인들에게 보낸 편지』[10]는 최초의 교부 문헌으로 인정받고 있다.

안티오키아의 이냐티우스(70~107 재위)는 베드로와 바오로가 세운 안티오키아 교회의 제2대 (또는 3대) 주교로서, 110년경에 로마에서 맹수형을 받아 순교한 성인이다. 그는 로마로 압송되어 가는 중에 일곱 편의 서간들을 썼는데, 여섯 편은 로마 교회와 소아시아 교회 공동체에 보낸 것이고, 나머지 한 편은 폴리카르푸스 주교에게 보낸 것이다. 이냐티우스 주교의 사랑을 많이 받던 폴리카르푸스(69~155 재위)는 요한에게서 주교 임명을 받았으며, 155년 로마에서 화형으로 장렬히 순교했다. 그는 필리피 교회에 보낸 두 통의 서간을 남겼다.

저서

사도들을 바로 뒤따르는 사도 교부들의 가르침과 주장은 사도들 다음으로 중요한 의미와 권위를 지닌다. 사도 교부들은 순교와 깊은 영성으로 자신들의 가르침을 증거했기 때문이다. 사도 교부들이 남긴 저서의 형태와 내용은 모두 신약성서와 긴밀하게 연관되어 있다. 특히, 바오로의 서간 형태와 내용을 닮았으며, 사도 교부들의 서간은 모두 그리스어로 씌어졌다. 신약성서 다음으로 가장 오래된 그리스도교 문헌인 이들 서간은 학문·신학적인 내용을 저술하기보다는, 오로지 신자들의 믿음을 돈독케 하고 그들의 생활에 교훈을 주려는 의도로 씌어졌다. 그렇기 때문에 처음부터 신자들은 이들 서

---

[10] 『클레멘스의 첫째 편지』라고도 부른다.

간을 돌려가며 읽고 큰 감명을 받았다. 이 서간들은 오랜 시간 초대교회 공동체에 큰 영향을 끼쳤다.

사도 교부들의 서간을 사도 시대 이후 문헌들과 비교하면 다음과 같은 특징이 나타난다. 지극히 단순하고 쉬운 말로 신자들에게 그리스도께서 보여 주신 구원의 의미를 깨닫게 해주고, 주님이 재림하리라는 희망으로 이 세상을 살아가도록 그들을 격려하는 내용으로 가득 차 있음을 알 수 있다. 또한 신자들에게 교회의 목자들을 따르도록 가르치며, 이단과 열교의 위험을 경고한다. 그리고 또 다른 특징으로는, 이들 서간이 그리스 철학이나 수사학 등 세속 문학의 영향을 전혀 받고 있지 않다는 점이다. 특히, 따라갈 수 없을 정도로 초대교회의 깊은 신심과 영성을 보여 주는 서간이 있는데, 이냐티우스의 순교 영성이 그 좋은 예라 하겠다.

또한 신약성서 다음으로, 교회의 가르침뿐 아니라 구조와 관습이 어떻게 발전되어 왔는지를 연구하는 데 유일한 증거 자료이며 원천으로서 사도 교부 문헌의 중요성을 인정하지 않을 수 없다. 초대교회 신자들의 정신과 그들의 신앙을 전수하는 매개자로서 그 역할을 하고 있기에, 엄청난 가치를 지닌 문헌이라 하겠다. 따라서 초대교회 공동체는 사도 교부들의 서간들을 전례 때 낭독했고, 지역교회에서는 사도 교부들의 일부 서간을 성서 목록에까지 올렸을 정도로 성령의 감도로 씌어진 작품으로 여기기도 했다.

2. 로마의 클레멘스

이연학

『코린토인들에게 보낸 편지』의 저자

이레네우스와 에우세비우스 등 많은 고대 저술가들의 증언에 따르면, '사도 교부'인 클레멘스는 베드로의 세 번째 후계자로서 로마의 주교(90/92~101 재위)였다고 한다. 오랜 교회 전승과 수사본들을 토대로, 비록 본문에 그 이름이 등장하지는 않지만, 『코린토인들에게 보낸 편지』*Epistula ad Corinthios*의 저자는 클레멘스라고 말할 수 있다. 이 작품은 신약성서를 제외하고는 가장 오래된 그리스도교 저술로서 최초의 교부 문헌이라 불린다. 기원후 170년경까지도 코린토 교회의 전례 집회에서 읽혀지는 등 고대교회에 매우 널리 알려졌으며, 때로 정경에 근접하는 권위를 누리기도 했던 이 편지 글은 교회사와 교의사 그리고 고대교회의 전례라는 관점에서 아주 중요한 문헌이다.

저술 동기와 내용

 "연이어 우리에게 찾아온 급작스런 재앙과 역경으로 말미암아, 여러분 사이에 말다툼이 되고 있는 문제들, 곧 몇몇 분별없고 건방진 사람들이 하느님의 간택을 받은 이들에게 맞갖지 않은 고약하고 몹쓸 항거 사건을 일으킨 일에 대해 우리가 너무 늦게 관심을 기울이게 되었다고 생각합니다"(1,1). 이렇게 시작하는 문헌의 첫 장은 저술 시기와 동기에 대한 정보를 동시에 암시하고 있다. '연이어 생긴 재앙과 역경'이란 기원후 94/95~96년에 걸쳐 일어난 도미티아누스 황제의 박해를 말하며, 따라서 저술 시기는 96~98년 사이라는 설이 학자들의 일반적인 견해다. 한편, 저술 동기는 코린토 교회에서 생긴 불미스런 어떤 사건이라는 점도 이미 서두에 분명히 드러나고 있다. 예나 오늘이나 갖은 이유로 (때로는 '거룩한' 이유로!) 자행되는 '패 가르기'와 '파워 게임'의 허깨비놀음에 처음부터 안전한 교회 공동체는 거의 없다고 보면 솔직하고 객관적인 관찰일 것이다. 코린토 교회는 이 점에 있어서 이미 '우범'이거니와(1코린 1,10-17 참조), 이번에는 아마도 공동체에서 힘깨나 쓴다는 사람들 몇이 공모하여 자기 교회 목자들의 권위에 도전하여 멋대로 그들을 해임시킨 일이 발생했던 모양이다. 『코린토인들에게 보낸 편지』는 바로 이 소동에 대해 클레멘스가 자기가 수장首長으로 있는 로마 교회의 이름으로 개입한 상황을 말해 준다 하겠다. 주동자들에게 회개를 요구하는 이 편지는 소동의 원인인 시기와 질투에 대한 긴 훈계, 겸손, 평화, 애호, 일치와 조화를 위한 권고 등의 내용으로 이루어져 있다.

로마 교회의 수위권

모두 65장으로 이루어진 이 작품 전체를 개괄하여 설명하기보다는, 이 글이 교회사와 교의사에서 지닌 중요성 몇 가지만 짚어 보기로 한다. 먼저 교회사 측면에서 보자면, 이 편지는 바오로가 로마제국의 서쪽 끝 스페인까지 선교했다는 내용과 함께, 베드로와 바오로가 로마에서 선교하다 순교했다는 사실을 최초로 증언하고 있다(5장). 이러한 사실史實은 로마 교회의 수위권과 관련된 교의 문제와 직결된다. 왜냐하면 고대교회에서 로마 교회가 누리던 특별한 위치는 "가장 중요한 기둥들"(5장)인 베드로와 바오로가 바로 이 도시에서 복음을 전하고 순교했다는 사실에 토대를 두고 있기 때문이다. 사실 뭐니 뭐니 해도 이 문헌의 중요성은 로마 교회의 수위권을 둘러싼 민감한 문제로 말미암아 가장 두드러진다. 사도 시대부터 각 지역교회는 책임자인 주교가 관리해 온 것이 관례였는데, 로마 주교가 무슨 권리로 멀리 발칸반도에 있는 코린토 교회에서 일어난 문제에까지 개입하게 되었는가? 이러한 개입의 성격을 두고, 단지 이웃 교회가 겪는 어려움에 대해 동등한 지위를 지닌 교회가 '형제' 자격으로 행한 하나의 '우의적 충고'correctio fraterna에 가까운 것인가, 아니면 특별한 구속력과 책임을 지닌 어떤 권위의 행사라 할 것인가? "단일 주교직이나 이를 위해 반드시 따르는 관할권에 대한 언급이 없기 때문에 이 편지를 로마 공동체의 수위권 요구에 관한 첫 증언이라는 견해는 옳지 않다"[11]는 지적을 무시할 순 없지만, 이 편지에 단순한 '형제적 개입' 차원으로는 도무지 이해할 수

---

[11] H.R. 드롭너 『교부학』, (하성수 옮김, 분도출판사 2001) 119.

없는 구절들이 있다는 사실은 어떻게 설명할 것인가? 예컨대, "우리를 통해 주어진 하느님 말씀을 거역하는 자들은 결코 가볍지 않은 죄와 위험에 빠진다는 사실을 명심할 것입니다"[12]는 표현이나 "우리가 성령의 감도로 적어 보내는 훈계에 순종하여 여러분이 시기의 불의한 분노를 근절한다면, 우리에게 기쁨과 즐거움을 주게 될 것입니다"[13]는 표현 말이다. 한마디로, 이 편지가 엄격하고 법적인 의미에서 로마 수위권을 확연히 드러내고 있다고 볼 수는 없지만, 그럼에도 불구하고 이 문헌이 지닌 단호하고도 권위 있는 말투는 로마 교회가 '아가페' 차원에서 다른 모든 교회들에 대해 우위성과 책임을 의식하고 있음을 뚜렷이 보여 준다고 해야 할 것이다.

고대교회의 복음적 교회 감각

이 점을 분명히 밝히고 나면, 편지 곳곳에 드러나는 수평적이고도 비권위적인, 한마디로 복음적인 형제 관계에 대한 감각을 마음껏 음미할 수 있게 된다. 우선 서두의 인사말부터가 의미심장하다. "로마에 거주하는 *paroikousa* 하느님의 교회가 코린토에 거주하는 하느님의 교회에게 … 씁니다." 여기서 '거주하다' *paroikeō*라는 그리스어 동사는 '본당' *parochia*이라는 말의 출처로서, 정착하여 뿌리내려 사는 상태가 아니라 길손처럼 잠시 체류하는 상태를 나타내는 말이다. 코린토에 있는 교회나 로마에 있는 교회나 둘 다 이 세상에서는 머리 둘 곳 없는 나그네로서, 유일한 하느님의 교회가 두 장소에 잠시 거주한다는 뉘앙스를 감추고 있음을 짐작할 수 있는 대목이다.

---

[12] 로마의 클레멘스 『코린토인들에게 보낸 편지』 59,1.
[13] 같은 책 63,2.

나아가, 이 편지의 주어는 늘 '우리'로 소개되고 있는데, 무슨 대단한 신분을 과시한다기보다는 연대감과 동질감을 나타내는 표현으로 자주 쓰이고 있다는 점도 적지 않게 중요하다. 예컨대, "그리스도의 피에 우리 시선을 모읍시다. …", "그분 뜻에 순종합시다. … 그분의 수난으로 돌아갑시다"[14] 등 수없이 발견되는 표현은 클레멘스가 의인이나 심판관이라기보다는 코린토 교회의 고통과 죄에 함께 책임을 느끼는 형제로 존재하고 있음을 보여 주고 있다.

---

[14] 같은 책 9,1.

3. 안티오키아의 이냐티우스(이그나티우스)

노성기

로마로 향한 순교 여정

시리아의 안티오키아에서는 그리스도를 믿는 이들을 가리켜 처음으로 '그리스도인'이라 불렀다. 안티오키아의 이냐티우스(35?~110년경)는 이교 출신 그리스도인으로서 안티오키아의 주교였으며, 맹수형의 사형선고를 받고 로마로 압송되어 가면서, 일곱 교회에 편지를 써 보냈다. 이냐티우스는 자신의 소망대로 로마의 원형경기장에서 맹수형으로 순교했으며(110년경) 10월 17일이 축일이다.

이냐티우스는 하느님을 향한 불타는 신앙으로 하느님과의 일치, 주교를 중심으로 한 교회의 일치를 간절히 갈망했으며 피보다 더 뜨거운 순교 열정을 지닌 교부였다. 그가 남긴 일곱 통의 편지는 초대교회의 삶을 생생하게 보여 주는 소중한 보물이다.

일치의 박사

'한 분이신 하느님, 한 분이신 그리스도, 하나의 가톨릭 교회'를 주장하면서 신앙과 사랑 안에서 일치를 강조했던 이냐티우스는 처음으로 '가톨릭 교회'라는 용어를 사용했다. '가톨릭 교회'라는 표현은 폴리카르푸스에 의해서 '참된 교회'라는 뜻으로 더욱 발전된다. 이냐티우스에 따르면, 주교는 교회의 수장이며, 일치의 상징이고, 교의와 성사와 전례의 중심이다. 주교를 중심으로 일치하는 것은 예수 그리스도와 일치하는 것이고, 이단과 오류에 빠지지 않았다는 표시며 진리 안에 머물러 있다는 보증이기도 하다. 그리스도가 성부께 순종하셨듯이 공동체는 주교에게 순종해야 한다. 왜냐하면 "주교는 하느님의 대리자"[15]이고 성령께서 친히 주교의 권위를 보장해 주시기 때문이다.[16]

"하느님의 영광을 위해서 거짓 없이 주교에게 순종하십시오. 그렇지 않으면 이는 눈에 보이는 주교를 속이는 것이 아니라 보이지 않으시는 하느님을 기만하는 것이 됩니다."[17] "예수 그리스도께서 계신 곳에 가톨릭 교회가 존재하듯이, 주교가 있는 곳에 교회 공동체가 존재합니다."[18] 이처럼 이냐티우스는 끊임없이 주교를 중심으로 한 교회의 일치를 강조한 '일치의 박사'였다.

---

[15] 안티오키아의 이냐티우스 『마그네시아인들에게 보낸 편지』 6,1.

[16] 안티오키아의 이냐티우스 『필라델피아인들에게 보낸 편지』 서두 인사; 7,1 참조.

[17] 안티오키아의 이냐티우스 『마그네시아인들에게 보낸 편지』 3,2.

[18] 안티오키아의 이냐티우스 『스미르나인들에게 보낸 편지』 8,2.

가현설 오류 논박

당시 가현설을 내세운 이들은 교회는 눈에 보이지 않는 정신적인 단체이므로 주교나 사제가 필요 없으며, 그리스도는 거짓 인간의 모습으로 나타났기에 참 인간이 아니라고 주장했다. 따라서 그들은 그리스도의 육화와 수난, 죽음과 부활을 부인했으며, 그리스도가 성체 안에 현존한다는 사실마저 부인했다.

이 같은 가현설을 반박하면서, 이냐티우스는 그리스도의 육화와 수난, 죽음과 부활의 역사적인 사실성을 주장했다. 그는 그리스도의 수난이 거짓이라면, 지금 자신이 당하고 있는 고통과 수난도 거짓이냐고 반문한다.

영원한 생명, 순교

로마로 압송되어 가던 그를 위해 로마 교회가 구명 운동을 벌이자, 이냐티우스는 어떤 호의도 베풀지 말아 달라고 간청한다. "여러분의 사랑이 오히려 저를 해칠까 봐 두렵습니다. 저로 하여금 나의 하느님의 수난을 본받는 자가 될 수 있게 해 주십시오."[19] 그는 한시라도 빨리 순교하고 싶은 열망을 다음과 같이 표현한다. "저는 그 맹수들을 빨리 볼 수 있기를 기도합니다. 맹수들이 어떤 사람들에게는 겁을 먹어 달려들지 못하는 경우가 있다 하지만, 그와 달리 맹수들이 저를 재빨리 삼켜 버리도록 제가 유인하겠습니다."[20]

순교를 영원한 생명, 곧 구원을 위한 '출산'이라고 말한 그는 해산의 고통을 통해 새 생명이 태어나는 기쁨을 누리듯이,

---

[19] 안티오키아의 이냐티우스 『로마인들에게 보낸 편지』 1,2; 6,3.
[20] 같은 책 5,2.

순교의 수난을 통해 부활의 기쁨을 얻게 된다고 믿으면서 자신의 순교일을 애타게 기다린다. "이제 출산의 (고통이) 저에게 다가왔습니다."[21] 교회는 이 같은 믿음에 따라 순교자들의 순교일을 '천상 탄일'이라 부르고, 그들의 축일로 지낸다.

"오히려 맹수들을 유인하여 그들이 저의 무덤이 되게 하십시오. 또한 제가 죽었을 때 누구에게도 짐이 되지 않도록 맹수들이 제 몸의 어떤 부분도 남기는 일이 없게 해 주십시오. 그리하여 세상이 저의 몸을 볼 수 없게 될 때 저는 참으로 예수 그리스도의 제자가 될 것입니다. 이런 과정을 거쳐 제가 하느님께 바치는 희생 제물이 될 수 있도록 저를 위해 그리스도께 간구해 주십시오."[22] 순교로써 그리스도의 십자가 위에서의 죽음을 본받아 참 생명, 곧 구원에 참여한다는 그의 믿음과 맹수들이 자기 몸을 깡그리 먹어 치워 장사 지낼 수고조차 없었으면 좋겠다는 그의 바람은, 그리스도의 참다운 제자가 되겠다는 맹세와 열망에서 나온 고백이었다.

사랑 고백

이냐티우스는 자신의 순교를 성체의 신비와 연결시켜 자신을 하느님의 밀이라고 말한다. 밀이 맷돌에 갈려 가루가 되고 그 가루로 빵이 만들어지듯이, 자신의 몸이 맹수의 이빨에 갈려서 그리스도의 깨끗한 빵이 되겠다는 그의 다짐은 수많은 그리스도인들의 심금을 울린 가장 아름다운 신앙고백이며 우리들의 가슴속에 메아리 되어 영원히 울려 퍼지는 사랑 고백이다. "저를 맹수의 먹이가 되게 놔두십시오. 그것을 통해서

---

[21] 같은 책 6,1.
[22] 같은 책 4,2.

제가 하느님을 만날 수 있습니다. 저는 하느님의 밀이니 맹수의 이빨에 갈려서 그리스도의 깨끗한 빵이 될 것입니다."[23]

끝으로 이냐티우스의 다음 말을 기억하면서 신앙 생활을 음미할 기회가 되었으면 좋겠다. "신앙은 시작이고, 사랑은 마지막 목적이며, 빵 ― 성체 ― 을 나누는 것은 불멸의 약을 나누는 것이다."[24]

---

[23] 같은 책 4,1.

[24] 안티오키아의 이냐티우스 『에페소인들에게 보낸 편지』 14,1; 20,2.

4. 스미르나의 폴리카르푸스

하성수

생애

폴리카르푸스는 소아시아 서해안에 있는 항구도시 스미르나(오늘날 터키의 이즈미르)의 주교였다. 폴리카르푸스의 주교직을 두고, 그의 제자인 이레네우스는 사도들이 그를 주교로, 테르툴리아누스는 사도 요한이 그를 스미르나의 주교로 임명했다고 한다. 이레네우스는 그에 관해 다음과 같이 기술한다. "나는 복된 폴리카르푸스가 요한과 주님을 본 다른 이들과 어떻게 교제하고 그들의 말을 어떻게 인용했는지, 또한 그들에게서 주님과 그분의 기적과 가르침에 관하여 무엇을 들었는지 설명할 수 있습니다. 폴리카르푸스는 로고스(말씀)의 삶을 목격한 이들로부터 모든 것을 전해 듣고 모든 것을 성서와 일치하여 이야기했습니다."[25]

이레네우스가 말한 요한이 사도 요한은 아닐지라도 폴리카

---

[25] 에우세비우스 『교회사』 5,20,6.

르푸스가 사도들의 제자였다는 사실은 이 글에서 충분히 엿볼 수 있다. 이 때문에 하느님의 뜻에 따른 그의 순교를 영웅적 모습으로 그려낸 『폴리카르푸스 순교록』Martyrium Polycarpi은 그를 '사도적 스승'으로 높여 부른다. 교회 전통에서 그의 가르침과 주장은 사도들 다음으로 중요한 의미와 권위를 지닐 뿐 아니라 그는 당시에도 아시아의 스승으로서 상당한 존경을 받았다.

폴리카르푸스는 155~160년경 스미르나의 경기장에서 순교했다. 그가 사망한 지 채 1년이 지나지 않아 씌어진 『폴리카르푸스 순교록』 9장 3절을 보면, 스미르나의 주교는 전집정관 앞에서 다음과 같이 고백한다. "여든여섯 해 동안 나는 그분을 섬겼습니다. 그분은 저에게 어떤 그릇된 행위도 하지 않으셨습니다. 그런데 제가 저를 구원하신 왕을 어떻게 모독할 수 있겠습니까?" 이 진술에서 당시 그의 나이는, 루카 복음 2장 36-37절의 여예언자 "안나는 남편과 일곱 해를 산 후 여든네 살까지 과부로 살았다"에 나온 햇수를 온 생애로 해석하듯이, 적어도 86세였다고 추정할 수 있다.

편지의 주제

폴리카르푸스의 『편지』Epistulae ad Philippenses의 주제는 '의로움'이다. 폴리카르푸스는 의로움을 바탕으로 윤리와 도덕에서 그리스도인의 실천적 삶을 촉구한다. 그는 신앙인이 지켜야 할 과제로 하느님 사랑과 이웃 사랑을 명백히 권고한다. 그가 추구하는 윤리와 도덕은 궁극적으로 그리스도의 계명, 곧 탐욕 · 돈 욕심 · 거짓 증언과 불의를 멀리하는 것이다. 그는 바오로와 마찬가지로 우리를 구원으로 이끄는 것은 행실이 아니라 은총이라고 말한다. 우리는 은총으로 선택받았고 믿음에 따라 올바른 행위를 할 수 있다. 그렇다고 폴리카르푸스에게 은총이 확실한 예정을 의미하는 것은 아니다. 그는 신앙을 믿음뿐 아니라 하느님 앞에서의 올바른 행동이라고 이해했다. 곧, 믿음에 행업이 뒤따라야 한다는 것이다. 그러나 그리스도인들이 덕을 쌓으려면 이를 뒷받침해 주는 은총이 필요하기 때문에, 폴리카르푸스는 은총 안에 머물기를 바란다고 당부하면서 마침 인사로 편지를 끝맺는다.

사목서간과의 관계

폴리카르푸스의 『편지』 내용은 사목서간, 곧 사목에 관한 내용을 주로 담고 있는 티모테오 1·2서, 티토서와 비슷하다. 사목서간은 바오로의 다른 편지들과 어휘와 문체, 역사적 상황, 당시의 그릇된 가르침에 대한 투쟁, 공동체 안에서의 서열과 직무, 신학적 내용 등에서 차이가 있다. 더욱이 사목서간이 전제하는 교회 상황들은 바오로의 편지들보다 후대에 씌어졌음을 시사한다. 또한 2세기 중엽에 널리 퍼진 마르키온의 사상을 반박하고 있음도 보인다. 티모테오 전서 6장 20-21절에서 맡겨진 것, 곧 선을 간직하고 불경건한 주장과 '반론'들을 피하라고 경고하는데, 이 '반론'이라는 말과 마르키온의 주저인 『대립 명제』*Antithesis*라는 제목이 같은 그리스어 낱말이라는 사실은 우연의 일치만은 아닐 것이다. 따라서 오늘날의 성서학자들은 사목서간의 저자가 바오로가 아니라고 주장한다. 더구나 독일 개신교의 유명한 교부학자 캄펜하우젠은 이러한 유사성을 바탕으로 사목서간의 저자가 폴리카르푸스라는 흥미로운 가설을 내놓았다.

부활절 논쟁

폴리카르푸스는 생애 말기에 로마로 건너가 주교 아니케투스(154/155~166/167 재위)와 부활절 날짜, 단식 문제와 같은 교회의 여러 현안을 놓고 협의했다. 아시아 지방의 대표로서 폴리카르푸스는 당시 서방의 관습과 달리, 사도 요한의 전통에 따라 과월절 전날인 니산 달 14일에 부활절을 거행하는 '14일파'를 변론했다. 부활절 날짜 문제는 폴리카르푸스와 아니케투스의 주장이 서로 달라 합의가 이루어지지 않았다. 그럼에도 그들 사이의 교회 공동체성은 깨지지 않았다. 아니케투스는 자신의 교회에서 스미르나의 주교가 성만찬을 거행하도록 허용했으며, 폴리카르푸스는 아니케투스와 화해한 뒤 로마를 떠났다. 부활절 논쟁은 하마터면 당시 서방과 동방 교회가 분열될 수도 있었던 매우 중요한 신학 문제였다.

그 뒤 로마의 주교 빅토르(189~198/199 재위)는 관례대로 부활축일을 춘분 이후 첫 만월 다음에 오는 일요일로 정하려 했다. 그는 사도 요한의 전통에 따라 이를 반대한 에페소의 주교 폴리크라테스를 파문했다. 이때 리옹의 이레네우스는 빅토르를 독려하여 교회의 일치와 평화를 유지할 것을 권고했다. 그 뒤로도 음력인 니산 달 14일이 태양력 가운데 어느 때에 해당하는지를 두고 계속 서로 의견을 달리했다. 이 문제는 교회에서 공식적인 결정을 내리지 못하다가 325년 니케아 공의회에서 모든 교회가 로마의 관례에 따라 부활축일을 지내야 한다는 규정을 교령으로 결정하면서 오늘날에 이르게 되었다.

교회가 한 번 분열되면 일치되기가 얼마나 어려운지는 2천년 교회사의 여러 사건에서 찾아볼 수 있다. 따라서 여기서 우리가 배워야 할 점은 로마 교회와 소아시아 교회가 저마다 전통에 따라 자신들의 입장을 고수하기도 했지만, 상대편 의견도 존중하여 교회를 분열시키지 않았다는 사실이다. 더 나아가 오늘날 그리스도교의 갈라진 모든 형제 교회들은 일치를 위해 공유하고 있는 성서와 성전을 토대로 배타심이 아닌 대화, 자신의 견해가 절대적이 아니라 상대적이라는 깨달음, 상대방의 교의와 삶에 대한 올바른 인식과 이해가 선행되어야 한다는 사실을 이 사건에서 배울 수 있다.

III

호교 교부

1. 호교 교부란 누구인가?

최원오

현실의 언어로 말하는 신앙

　예수께서 돌아가시고 부활하신 지 얼마 되지 않아 그리스도교는 사도들의 선교 활동 덕분에 재빨리 퍼져 나갔다. 특히, 2세기는 그리스도교가 세계 곳곳으로 널리 확장된 시기였다. 여러 계층의 사람들이 그리스도교 신자가 되었는데, 그들 가운데는 낮은 계층 사람들뿐 아니라, 당대의 뛰어난 지성인과 철학자들도 있었다. 그러나 대부분의 그리스도인들은 아직 자신들의 믿음을 논리적으로 설명할 능력을 갖추지 못했고, 세상 사람들은 그런 그리스도인들을 비웃고 무시했다. 예수의 삶과 가르침은 목숨을 걸고서라도 따를 준비가 되어 있는데, 그 믿는 바를 차근차근 설명해 낼 재간이 없었으니 딱하기 그지없는 노릇이었다. 게다가 그리스도인들은 세상 사람들로부터 억울한 누명을 쓰거나 터무니없는 오해를 사서 박해를 받기까지 했다. 예컨대, 그리스도인들은 누구나 서로 형제자매라고 부른다고 하여 근친상간하는 자들로 오해받기도 했으며, 모일 때마다 주님의 살과 피를 나누어 먹고 마신 다고 하여 식인종으로 몰리기도 했다. 이처럼 단지 그리스도 인이라는 이유만으로 아무런 잘못도 없이 갖은 비난을 견뎌 내야 했으며, 로마제국으로부터 목숨의 위협마저 느끼며 살아가고 있었다. 바로 이 무렵, 그리스도교에 귀의한 지성인들은 그리스도교에 덧씌워진 몹쓸 오해를 벗겨 내고 로마제국의 부당한 박해에 맞서기 위해서 그리스도교의 참모습을 소개하는 책들을 저술하게 되는데, 이들을 가리켜 '호교 교부'라고 부른다. 호교 교부들은 거의 대부분 그리스 철학에 정통했으며, 자신의 철학 노선을 모색하다가 그리스도교 진리를 발견하고서 늦깎이 신자가 된 이들이다. 이들은 그리스도교를 박해하고 헐뜯는 사람들을 논리적으로 반박했을 뿐 아니라, 그리스도교 진리를 설득력 있게 풀어내려고 애썼다.

세상과 대화하는 신앙

호교 교부들 가운데 가장 존경받는 이는 165년에 순교한 유스티누스 교부다. 유스티누스는 그리스 철학을 전공한 평신도 신학자였다. 그는 그리스도교에 귀의한 후에도 철학을 포기하지 않았으며, 그리스도교 진리는 기존 철학 체계를 통하여 조화롭게 설명될 수 있다고 믿고 있었다. 유스티누스에 따르면, 사람은 누구나 하느님 '말씀의 씨앗'semina Verbi을 지니고 있으며, 하느님께서 손수 뿌려 주신 이 말씀의 씨앗은 모든 사람들 안에서 자라나고 있다. 그래서 유스티누스는 '지혜를 사랑하는 사람들'(철학자)을 가리켜 '그리스도인'이라 부르기를 주저하지 않았다. 왜냐하면 참된 것을 추구하는 사람들은 누구나 이미 하느님을 찾는 사람들이며, 그 사람들 안에서 하느님 진리의 싹이 자라나고 있다고 보았기 때문이다. 이로써 유스티누스는 '그리스도교 이전의 그리스도인'을 말한 최초의 교부가 되었다. 하느님께서는 그리스도교가 태어나기 전부터 세상의 철학과 문화를 통해서 당신을 드러내고 계셨다고 믿었던 것이다. 물론 유스티누스는 '그리스도교야말로 이 세상에서 유일하게 참된 철학'이라고 내세웠지만, 세상의 철학을 통해서 오래 전부터 계시되어 온 하느님의 진리를 부인한 적은 없었다.

세상에 등 돌린 신앙

그러나 모든 호교 교부들이 다 현실의 문화를 존중하고 세상과 정답게 대화했던 것은 아니다. 오히려 세상의 모든 철학과 학문들을 악마적인 것으로 단죄한 호교 교부도 있었으니, 타티아누스가 그 좋은 예다. 타티아누스에게 그리스도교 이외의 모든 철학과 사상은 아무런 가치도 없고, 어떤 진리도 담아내지 못하는 역겹고 야만적인 것들일 뿐이다. 세상을 더럽고 속되고 타락한 것이라 단죄한 그는 그리스도교만 유일하게 참되고 순결한 가치라고 내세웠다. 게다가 극단적인 금욕주의를 주장했던 그는 결국 교회에서 떨어져 나와서 따로 이단 교회를 세웠고, 나중에 로마에서 파문당했다. 그는 그리스도교 이외의 세계란 더불어 살아가야 할 이웃이 아니라 십자가로 정복해야 할 야만인으로 여겼던 것이다. 오늘날에도 여전히 현실을 외면한 채 '순수' 신앙만을 주장하는 일부 신학자들에게서 타티아누스의 망령이 어른거리는 듯하다.

토착화 신학의 선구자

예수의 복음은 동양 — 히브리 문화권 — 에서 선포되었다. 그러나 호교 교부들은 주님의 복음 진리를 서양 — 그리스 문화권 — 의 철학과 언어로 대담하게 펼쳐 낸 이들이다. 어떤 신학자들은 예수의 생생한 복음이 이때부터 그리스 철학 개념 속에서 화석처럼 굳어지기 시작했다고 혹평하기도 한다. 한편으로는 맞는 말이다. 그러나 신앙은 하늘에서 뚝 떨어진 것이 아니라, 그리스도인들이 발을 디디고 있던 문화와 현실 위에서 성립된다. 그리스도교 신앙은 예수께서 선포하신 진리를 받아들이는 사람들의 다양한 문화와 현실 안에서 자라나고 꽃피어 왔기 때문이다. 그런 의미에서 호교 교부들은 자신들이 살아가던 현실의 고유 언어로 신앙을 이야기한 토착화 신학의 선구자들이다.

신학은 뜬구름 잡는 옛이야기도 아니며, 하느님을 인간 지성으로 도마질하는 말장난도 아니다. 신학의 참된 과제는 처절한 인간의 현실을 온몸으로 껴안고 몸소 인간이 되시어 우리와 함께 계시는 하느님을 오늘의 언어로 선포하고 증언하는 일이다. 호교 교부들의 관심사는 책상머리에서 어려운 철학 용어를 섞어 가며 신학 작품을 저술하는 일이 아니었다. 그들은 어떻게 하면 '지금 그리고 여기서' 사랑이신 하느님을 선포하고 증언할 것인지 고민했다. 그런 의미에서 일찍이 『상재상서』上宰相書를 저술하여, 그리스도교 진리를 조선의 문화와 현실에 맞추어 풀어내신 정하상 성인은 초대교회 교부들과 어깨를 나란히 할 수 있는 한국 교회의 위대한 호교 교부인 셈이다.

2. 『디오그네투스에게』

장인산

종교적 주위 환경

저자는 귀족 가문 출신인 비신자 디오그네투스에게 그리스도교 신앙을 받아들이라고 간곡히 권유하며, 그리스도인은 세상의 영혼이라고 강조한다. 2세기에 접어들면서 그리스도교는 교회 공동체가 커짐에 따라, 새로운 문화권과 이질적인 세상과 마찰을 빚을 수밖에 없었다. 그리스도인들은 로마제국이 강요하는 다신 신앙과 황제숭배를 배척했기 때문에 로마제국으로부터는 박해를 받고, 이교인들로부터는 미움을 사게 되었다. 또한 민중들로부터는 저질의 신흥종교란 소리까지 들으며 터무니없는 유언비어로 모함을 당하고, 학자들로부터는 체계적인 학설로 반박과 비방의 소리를 들었다. 그래서 2세기 교회 저술가들은 이러한 정황에 대해 교회를 방어하고 옹호하고자 글을 썼는데, 이것이 바로 '호교론'이다.

내용

  2세기 후반, 이름이 밝혀지지 않은 저자가 집필한 것으로 생각되는 『디오그네투스에게』 Ad Diognetum는 초대교회의 호교론에 속하는 작품이다. 서간문 형식을 띠는 이 작품 속에서 저자는 디오그네투스가 던진 세 가지 물음에 답하는 방식으로 내용을 전한다.

  첫째 질문은, 하느님이 누구시기에 그리스도교 신자들은 하느님을 흠숭하며, 유대인들과 이교인들의 종교를 배척하는가? 둘째 질문은, 그리스도교 신자들이 가장 중요하게 여기며 찬양하는 형제 사랑이나 이웃 사랑은 무엇인가? 셋째 질문은, 그리스도는 왜 이토록 늦게야 세상에 오셨는가? 하는 질문이다(1장).

  첫째 질문에 대해 저자는 먼저, 유대교와 이교인들의 경신례를 비판한다(2-3장). 이교인의 신들은 인간의 물질적 작품이기 때문에 그들을 공경하는 것은 무의미하다는 것이다. 유대인들 또한 한 분이신 참된 하느님을 공경하지만, 그들은 하느님께 여러 가지 제물을 바치며 지나칠 정도로 엄격하고 불합리한 율법 규정을 지키기 때문에 하느님을 잘못 공경한다는 것이다.

  그리고 나서 저자는 그리스도교 신자들의 고유한 생활이나 행동 방식을 묘사한다. 그리스도교 신자들을 세상의 영혼과 같은 존재라고 하면서 그들이 세상 안에 살면서도 세상을 초월하는, 그리고 육신 안에 살면서도 육신의 욕망을 따라 살지 않는, 초자연적인 생활을 영위한다고 말한다(5-6장). "모든 객지가 그들에게는 고향이요, 모든 고향이 그들에게는 객지다."[26] 이어서 그리스도교는 하느님께서 세우신 것임을 강조하고, 성부께서 말씀 — 성자 — 을 세상에 보내신 것은 당신을 우리에게 알리시고 또한 세상을 구원하기 위해 보내셨다는 가르침과 하느님의 본질을 계시하는 말씀(7-9장)이 계속 설명된다.

구세주께서 늦게 오신 이유에 대해서는, 하느님과 성자의 구원 계획은 처음부터 예정되었으며, 아들을 보내어 인간을 죄와 죽음에서 구원하는 것은 인간이 자신의 불의를 인정하고 스스로 구원할 수 없다는 점을 깨달을 때야 비로소 이루어진다고 한다. 하느님께서는 인간 스스로 구원할 수 있는 능력이 없기에, 인간은 오로지 구세주를 통해서만 구원받을 수 있다는 사실을 깨닫게 하기 위함이라고 답한다(9장). 10장에서는 디오그네투스에게 그리스도교의 신앙을 받아들이라는 간곡한 권유를 담고 있다. 그러면 하느님께서 그를 인도하시어 참된 하느님께 대한 사랑과 인간에 대한 사랑으로 불타게 만드실 것이라고 격려한다.

세상의 영혼

여기서 저자가 그리스도인을 가리켜 '세상의 영혼'이라고 언급한 부분을 보도록 하자.

> 한마디로 영혼이 육신에 존재하듯 그리스도인은 세상에 존재하고 있습니다. 그리스도인이 세상의 모든 도시에 흩어져 살고 있듯이 영혼도 육신의 모든 부분에 존재하고 있습니다. 그리스도인이 세상에 살면서 세상에 속하지 않듯이 영혼도

---

26 『디오그네투스에게』 5,5.

육신 안에 있으면서 육신에 속하지 않는 것입니다. 보이지 않는 영혼은 보이는 육신 안에 갇혀 있으며, 그리스도인이 세상 안에 살고 있음을 볼 수는 있으나 그들이 하느님께 바치는 예배는 보이지 않습니다. 육신이 자기를 해롭게 하지 않는 영혼을 미워하고 싸움을 거는 것은 영혼이 육신의 쾌락 추구를 반대하기 때문인 것처럼, 세상이 아무런 해를 주지 않는 그리스도인을 미워하게 됨은 그 쾌락을 추구하지 못하게 하기 때문입니다. 영혼이 자기를 미워하는 육신과 그 지체를 사랑함은 그리스도인이 자기를 미워하는 사람들을 사랑하는 것과 같습니다. 영혼은 육신 안에 갇혀 있지만 육신을 살려 주며, 그리스도인도 세상이라는 감옥에 갇혀 있으면서 세상에 생명을 주고 있습니다. 불사불멸의 영혼이 죽을 운명의 천막 안에 살고 있듯이 그리스도인 역시 하늘나라의 불멸의 운명을 기다리면서 썩어 없어질 세상 안에 살고 있는 것입니다. 영혼이 굶주림과 목마름으로 극기를 할 때 진보하는 것과 같이 그리스도인은 박해를 당할 때 날로 계속해서 증가합니다. 하느님이 그들에게 주신 지위는 그렇게 고상한 것이기에 그것을 포기할 수 없습니다.[27]

앞에서 보듯이, 『디오그네투스에게』는 내용이 분명하고 매끄럽게 연결되며 아름다운 수사학적 문체로 그리스도교 호교론 가운데 가장 뛰어난 작품으로 손꼽힌다.

---

[27] 『디오그네투스에게』 6,1-10.

3. 유스티누스

이연학

철학자요 순교자

　고대 교부들 중에는 드라마틱한 생애와 오늘의 현실에도 여전히 쩌렁쩌렁한 울림을 주는 사상으로 말미암아 유난히 시선을 끄는 이들이 있다. 유스티누스 역시 그 대표적인 인물이다. 100~110년경 팔레스티나의 사마리아 지방에서 태어난 유스티누스는 평생 진리를 '찾는 사람'seeker으로 살았다. 참된 구도자들의 여정이 대개 그러하듯, 그의 '진리 찾기' 여정도 참으로 눈물겨웠다. 후에 테르툴리아누스(155~212)가 그에게 붙여 준 '철학자요 순교자'란 호칭이 그의 생애의 굵은 선을 가장 잘 요약해 주는 것 같다. 그는 무엇보다도 가장 참된 의미에서 '철학자'였다. 다시 말해, 유스티누스야말로 '지혜를 사랑하는' philo-sophia 사람이었다. 그는 그리스도인이 되기 전에도 철학자였지만, 그리스도인이 된 후에도 여전히 철학자였다. 아니, 그에게는 그리스도교야말로 '참된 철학' vera philosophia이었다. 그러므로 그에게 철학한다는 것과 신앙한다는 것은 조금도 다른 일이 아니었다. 그러므로 그의 한 몸 안에서 '철학자'와 죽음에 이르기까지 복음을 증언하는 '순교자'의 삶이 동시에 꽃피어난 것은 조금도 이상한 일이 아니었다.

'참된 철학'인 복음

『트리폰과의 대화』Dialogus cum Tryphone Iudaeo는 그가 그리스도교 안에서 충만한 진리를 만나게 되기까지 걸었던 여정을 엿보게 해 준다. 그는 추구하는 사람의 여정이 흔히 그러하듯 당대의 여러 학파를 기웃거렸다. 스토아 학파와 소요逍遙 학파, 피타고라스 학파와 플라톤 학파를 두루 거치며 배우던 유스티누스는 어느 날 해변을 거닐다가 도인풍道人風의 신비로운 노인을 만남으로써 비로소 충만하고 참된 지혜이신 그리스도와 상봉하게 된다. 노인은 유스티누스가 마지막으로 심취해 있던 플라톤 철학이 결코 그의 마음속 갈망을 만족시켜 줄 수 없다는 사실을 깨우쳐 주면서 성서의 예언자들을 길잡이로 삼으라고 권고한다. 왜냐하면 이들이야말로 누구를 높이 보거나 두려워함도 없이, 그리고 영광을 얻으려는 욕구에서도 자유로이, 진리를 보고 선포할 수 있는 인물들이기 때문이라는 것이었다.

훗날 유스티누스는 이 노인과의 만남에 대하여 이렇게 썼다. "그 후 나는 그 노인장을 다시 뵙지 못했지만, 내 영혼 안에 어느덧 불꽃이 이는 것을 체험하게 되었다. 그리하여 예언자들과 그리스도의 친구들을 사랑하게 되었다. 나는 그 어른의 말씀을 속으로 곰곰이 되씹으면서, 이 철학이야말로 참되고 유익하며 유일한 철학이라고 깨달았다. 이리하여 (비로소) 나는 나 자신이 되었고, 또 이런 이유로 (비로소) 나는 철학자가 되었다. 모든 이가 나와 비슷한 체험을 해서, 구세주의 말씀으로부터 떨어져 나오는 일이 없기를 바란다"(『트리폰과의 대화』 8). 이처럼, 진리를 향한 눈물겨운 사랑과 추구가 그를 그리스도교로 인도해 주었던 것이다. 추상적인 원리나 이치로서의 진리를 넘어서, 드디어 살아 있는 진리, 곧 "나는 길이요 진리요 생명입니다"(요한 14,6)라고 하신 어떤 분을 만나게 되었던 것이다. 대략 이런 경위로 그는 130년경 에페소에서 세례를 받았다고 전한다. 이후 그리스도교를 열렬히 전파하고 옹호하는 생활을 하면서도, 그는 스스로를 '참된 철학'인 그리스도의 복음을 가르치는 '철학자'로 생각한 나머지 당대의 철학자들이나 순회 교사들이 착용하던 망토pallium를 걸치고 다녔다. 이렇게 그리스도교 교사요 집필가로서 왕성한 활동을 하던 유스티누스는 165년 마르쿠스 아우렐리우스 황제 치하의 로마 집정관 유니우스 루스티쿠스에게 고발되어 여섯 명의 동료와 함께 참수형으로 순교했다. 이로써 그는, 한참 후배뻘 되는 또 다른 그리스도교 철학자 키에르케고르(1813~1855)가 진리를 두고 갈파한 바 있는 무시무시한 깊이의 경구警句를 몸으로 실천한 셈이다. "진리란, 진리를 아는 데 있는 것이 아니라 진리가 되는 데 있다."

'말씀의 씨앗' 사상

그는 다작多作의 저술가였지만 우리에게 전해 오는 작품은 『트리폰과의 대화』와 두 권의 '호교서'Apologia뿐이다. 방대한 규모의 이 저술들은 수많은 주제를 다루었지만, 여기서는 우리 시대를 위해서도 매우 중요하다고 여겨지는 그의 신학 사상, 이른바 '로고스 그리스도론'에 대해 지극히 짧게나마 짚어 보고자 한다. 흔히 '구원 경륜'*oikonomia*이라 일컫는 하느님의 구원 계획은 하느님의 영원한 말씀이신 그리스도 안에서 드러나고 충만히 실현되었다. 그런데 모든 사람은 하느님이 주신 이성*logos*을 타고났다는 점에서 이 영원한 말씀*Logos*에 참여하는 한 '부분'이 된다. 말씀은 창조 때에도 일하신 분이므로, 사람은 이미 창조로 말미암아 자기 안에 뿌려진 '말씀의 씨앗'*spermata tou logou*을 지닌다는 것이다. 따라서 이교 철학자들이 가르친 모든 진리도, 비록 아직 어둡고 불완전하긴 하지만, 이미 그리스도교의 진리에 속한 것이라고 볼 수 있는 것이다. 왜냐하면 모두가 결국에는 영원한 말씀이신 그리스도께로부터 오기 때문이다.[28]

유스티누스의 이런 확신의 근저에는 "만물이 그분으로 말미암아 생겨났고 그분 없이 생겨난 것은 하나도 없다"(요한 1,3)는 성서 말씀이 있다. 비그리스도교 철학에 대한 유스티누스의 이런 근본적 통찰은 문화 일반, 특히 복음이 뿌리내리고 있는 특정한 토착 문화와 여러 세계종교의 경전에까지 확대 적용될 수 있을 것이다. 그리하여 복음 체험의 핵심에 토대를 둔 예리하고도 신중한 신학적 분별이 행사된다는 전제 아래, 우리가 몸담고 있는 이 시대와 이 땅에서 전개되어야 할 바람직한 토착화 작업과 참신한 '문화의 신학'을 위한 든든한 출발점이 되어 줄 수 있을 것이다. 나아가 우리 시대에 피할 수 없는 과제가 된 종교 간 만남과 대화의 성숙을 위해서도 의미심장한 도움과 시사점을 제공할 것이다.

---

[28] 『둘째 호교서』 10; 13,4; 『첫째 호교서』 23,1 참조.

순교 문헌

1. 순교자 행전

노성기

순교 문헌

　혹독한 박해 속에서도 목숨을 바쳐 신앙을 지킨, 순교자들에 대한 작품들이 2세기 중엽부터 씌어지기 시작했다. 이들 작품은 '순교자 행전'Acta Martyrum, '순교록과 수난기', '성인전기' 등으로 나뉜다. 순교자 행전에는 순교자들이 체포될 당시 상황과 심문 조서, 재판 기록과 판결문에 관한 내용이 기록되어 있는데, 심문 내용은 주로 간단한 질문과 대답으로 되어 있다. 대표적인 순교자 행전으로는 『유스티누스 순교 행전』, 『스킬리움의 순교자 행전』, 『치프리아누스 순교 행전』 등이 있다.

『치프리아누스 순교 행전』

　다음은 『치프리아누스 순교 행전』 *Acta Cypriani* 의 일부다.

　총독: 네가 타티우스 치프리아누스냐?

　치프리아누스: 그렇소.

총독: 네가 이 불경스런 사람들의 주교란 말이지?

치프리아누스: 그렇소.

총독: 거룩하고 지엄하신 황제들께서 제국의 신들에게 예배를 드리라고 명령했다.

치프리아누스: 하지 않겠소.

총독: 너를 위해서 하는 말이다.

치프리아누스: 필요 없으니, 당신은 명령대로 하시오.

총독은 배심원들과 몇 마디 상의한 뒤 판결문을 낭독했다.

총독: 너는 오랫동안 불법으로 대중을 선동하여 제국의 신들과 종교를 반대해 왔다. 가장 거룩하고 지엄하신 황제들께서 너에게 제국의 종교를 지키라고 누차 명령했지만, 너는 이를 어기고 극악무도한 중죄를 지어 체포되었다. 따라서 로마 제국의 법은 따끔한 본보기로 너에게 참수형을 명하노라.

치프리아누스: 하느님, 감사합니다.

『유스티누스 순교 행전』

그럼, 이제 『유스티누스 순교 행전』*Acta Iustini*을 살펴보자. 유스티누스는 마르쿠스 아우렐리우스 황제 때, 제자들 — 남자 5명, 여자 1명 — 과 함께 로마 총독 퀸투스 유니우스 루스티쿠스에게서 재판을 받았다.

총독: 너는 제국의 신들을 믿고 황제의 명령에 복종해야 한다.

유스티누스: 나는 비난받을 짓을 하거나 죄를 짓지 않습니

다. 우리 구세주 예수 그리스도의 가르침을 충실히 따를 뿐입니다.

총독: 네가 따르는 가르침이 무엇이냐?

유스티누스: 나는 모든 진리를 찾아다니다 마침내 그리스도교에서 참된 진리를 찾았습니다. 거짓 진리를 좇는 사람들은 (그 진리를) 좋아하지 않을 것입니다.

총독: 어이구, 불쌍한 사람아, 그래 고작, 그런 것이 네가 좋아하는 진리란 말이냐?

유스티누스: 그렇소. 나는 올바른 믿음 위에서 이 모든 진리를 믿고 있소.

총독: 네 믿음이라는 것이 무엇이냐?

유스티누스는 그리스도교 신앙의 핵심 — 창조주 하느님, 예언자들을 통해서 말씀하신 하느님의 아들, 인류를 구원하고 복음의 기쁜 소식을 가르쳐 준 그리스도 등 — 에 대해 설명하지만, 총독은 관심을 기울이지 않은 채, 집회 장소에 대해서만 묻는다.

총독: 너희들이 모이는 장소가 어디냐?

유스티누스: 원하는 사람은 누구나 올 수 있는 장소에서 모입니다. 당신은 우리가 똑같은 장소에서 모인다고 생각하십니까? 그렇지 않습니다. 왜냐하면 그리스도인의 하느님은 세상 어디에나 계시기 때문입니다. 그분은 눈에 보이지 않는 분이시나 하늘 땅 어디에나 계십니다. 그분은 세상 모든 곳에서 믿는 이들로부터 공경과 영광을 받습니다.

총독: 아, 그래, 도대체 그 장소가 어디냐? 어서 말하라.

유스티누스: 나는 티모오티누스의 아들인 마르티누스라는 사람의 목욕탕 바로 위쪽에 살았습니다. 로마에 체류하는 동안 내내 그곳에서 지냈습니다. 그 외 다른 장소는 모릅니다. 원하는 사람은 누구든지 내게 오며, 나는 그에게 진리의 말씀을 가르쳐 줍니다.

총독: 그렇다면, 네가 그리스도인임을 인정하느냐?

유스티누스: 그렇소. 나는 그리스도인이오.

총독은 다른 사람들에게도 같은 질문을 되풀이하면서 유스티누스의 유혹에 빠져서 그리스도인이 되었느냐고 질문한다. 로마의 신들에게 제물을 바치라는 황제의 명령을 거역할 경우, 태형이나 참수형에 처하겠다고 위협하면서 달래 보기도 하지만 효과를 거두지 못하자, 총독은 각자에게 "너도 그리스도인이냐?"라고 묻고서 사형선고로 재판을 끝냈다.

두 행전에서 알 수 있듯이, 순교자들은 '그리스도인'이라는 이유 때문이 아니라, '황제에게 제물을 바치지 않았다'는 죄명으로 사형선고를 받았다. 게다가 재판 과정에서 그리스도교의 참된 내용이 무엇인지에 대한 토론은 전혀 이루어지지 않았다.

초대교회 신자들의 순교관

초대교회 신자들은 순교를 어떻게 생각하고 있었을까? 순교는 하느님께서 주신 가장 큰 은사였다. 그리스도의 수난과 죽음에 완전하게 동참하고, 복음의 가르침을 완전하게 실천할 수 있는 길이 순교였다. 순교는 인간이 하느님께 드릴 수 있는 가장 귀한 제물이었다. 또한 순교는 세상을 위한 정화이며 구원의 보증이었다. 세례받은 후에 지은 죄를 용서받을 수 있는 절호의 기회가 바로 순교였다. 세례보다 더 위대한 것이 순교였다. 이처럼 순교는 초대교회의 정신적 지주였다. 따라서 박해 시대가 끝나자, 교회는 가장 중요한 무엇인가를 상실한 듯한 느낌을 받았다. 순교의 은사가 없다는 것은 상상할 수 없는 일이었다. 그래서 순교를 계승하여 수도원 운동이 시작되었다.

2. 순교록과 수난기

최원오

'순교자 행전'Acta Martyrum은 순교자들에 대한 법정 심문과 재판 내용, 사형 판결문과 최후 진술 등을 기록해 놓은 공문서를 그리스도교 신자들이 베끼다시피 저술한 작품이다. 법정 서기들의 기록을 바탕으로 씌어진 순교자 행전과는 달리, 신심 깊은 그리스도교 신자들이 순교자들의 수난과 순교 장면들을 한 편의 드라마처럼 써 내려간 순교 보고서가 있으니, 이것이 바로 '수난기'Passiones와 '순교록'Martyria이다. 수난기는 글자 그대로 순교자들이 체포되고 감옥에 갇혀 고난당하는 과정을 담고 있으며, 순교록은 순교자들이 장렬하게 순교하는 장면을 그려 내고 있다.

모질고 잔인한 죽음 앞에서도 끝끝내 '행복한 미소'를 잃지 않았던 순교자들의 마지막 모습을 짧고 딱딱한 법정 기록문 형식으로는 제대로 담아낼 수 없었다. 그리하여 그리스도인들은 자신들이 직접 보고 들은 순교자들의 최후를 더욱 장엄하고 감동적인 필치로 수난기와 순교록에 써 내려가기 시작했다. 그러다 보니 이 작품에는 저자 개인의 감상이나 느낌들이 자연스레 녹아들었고, 때로는 소설 기법까지 동원되기도 했다.

페르페투아와 펠리치타스

수난기 가운데 가장 유명하고 감동적인 작품은 『페르페투아와 펠리치타스의 수난기』*Passio Perpetuae et Felicitatis*다. 이 수난기는 젖먹이를 둔 스물두 살의 신심 깊은 귀부인 페르페투아와, 예비자였지만 굳은 신앙을 지닌 만삭의 몸종 펠리치타스의 수난과 순교 이야기를 전해 준다. 페르페투아의 연로한 아버지는 딸을 배교시키려고 세 차례나 눈물로 설득했으나 결국 실패하고 마는데, 아버지와 딸의 가슴 아픈 상봉 장면을 『수난기』는 이렇게 전하고 있다.

며칠 후 우리가 심문받을 것이라는 소문이 돌았다. 그래서 내 아버지는 고통으로 초주검이 되어 내게 달려오셔서, 내 마음을 돌리려고 이렇게 말씀하셨다. "내 딸아, 내 백발을, 네 아비를 제발 불쌍히 여겨 다오. 내가 참으로 네 아비라 불릴 수 있다면, 참으로 꽃다운 네 지금 나이에 이르도록 내 손이 너를 이끌어 왔다면, 내가 너를 네 동기들 가운데 어느 누구보다 귀여워해 왔다는 것이 사실이라면, 제발 나를 사람들의 비웃음거리로 만들지 말아 다오. 네 동기들을 좀 생각해 보렴. 네 어미를 좀 생각해 보렴. 네 고모와 네 자식을 생각해 주렴. 너 없이 그 아이가 어찌 살겠니?" … 정말이지 아버지는 참으로 애틋한 정으로 이렇게 말씀하시며 내 손에 입맞추시고 내 발에 엎드리셨다. 그리고 눈물을 흘리시며, 나를 딸이라 부르지 않고 마님이라 부르셨다. 아버지의 이 고통이 나에게 깊디깊은 아픔을 주었다.

『폴리카르푸스 순교록』

그리스도교의 순교록 가운데 최초의 작품은 스미르나의 주교 『폴리카르푸스 순교록』Martyrium Polycarpi이다. 이 『순교록』에 따르면, 법정에 끌려온 연로한 주교 폴리카르푸스는 배교하기만 하면 당장 풀어 주겠다던 달콤한 말에 조금도 흔들리지 않았다. "여든여섯 해 동안 나는 그분을 섬겼습니다. 그분은 나에게 어떤 그릇된 행위도 하지 않으셨습니다. 그런데 내가 나를 구원하신 왕을 어떻게 모독할 수 있겠습니까?"[29] 오히려 폴리카르푸스는 집정관과 포졸들에게 그리스도교 신앙 진리를 당당하게 가르쳤고, 마침내 화형을 선고받게 되었다. 사형집행인들이 장작더미 한가운데 폴리카르푸스를 못박으려 하자, 그는 이렇게 요청했다. "나를 이대로 내버려두시오. 나에게 불을 참을 힘을 주시는 분께서 여러분이 못으로 나를 고정시키지 않아도 장작더미 위에서 움직이지 않고 견디어 내는 힘도 주실 것이기 때문입니다!"[30] 이 『순교록』으로 말미암아 폴리카르푸스는 오늘날까지 우리 가슴속에 생생하게 살아 숨쉬고 있다.

성인전의 탄생

수난기와 순교록에는 저자의 신학적 의도가 곳곳에 배어 있기도 하고, 때로 과장된 이야기들이 곁들기도 했다. 그러나

---

[29] 『폴리카르푸스 순교록』 9,3.
[30] 같은 책 13,3.

이 작품들은 근본적으로 순교자들의 아름다운 삶과 죽음을 기리는 그리스도인들의 뜨거운 사랑과 존경심으로 말미암은 것이다. 그러나 이와는 전혀 달리, 사람들의 호기심을 자극하여 대중적인 인기를 얻기 위하여 처음부터 신화적이고 전설적인 이야기들로 순교자들의 생애와 죽음을 꾸민 책들도 등장했는데, 그것이 바로 '성인전'Legenda이다. 성인전은 그 당시에 유행하던 그리스-로마의 영웅전이나 위인전에서 큰 영향을 받았다. 처음에는 주로 순교자들의 일대기와 순교 행적과 기적을 다루었지만, 4세기 초에 박해가 끝나고 더 이상 순교자가 없게 되자, 유명한 수도승들의 '피 없는 순교'를 소재로 삼았다. 많은 성인전은 순교자들과 수도승들의 소박하고 단순한 삶과 죽음에 천박한 황금을 덧칠함으로써 그들이 남긴 참된 교훈과 감동을 반감시켰을 뿐 아니라, 성인이란 보통 사람은 감히 꿈꿀 수 없는 별세계 존재라는 그릇된 인식을 널리 퍼뜨리게 되었다.

순교자 행전, 수난기, 순교록이라는 넓은 밭에는 순교자들이 남겨 놓은 아름다운 보화들이 반짝반짝 빛나고 있다. 그 밭에서 쓸데없는 돌멩이는 걷어 내고 보석들만 주워 담는 일은 우리들의 몫이다. 일찍이 아우구스티누스는 성인 유해 공경의 폐단을 통탄하면서, 순교자 묘지 방문을 금하는 강론도 자주 했다. 우리들이 정성 들여 가꾸어야 할 것은 순교자들의 삶과 가르침이지, 그분들의 뼈다귀나 '잔해'reliquiae가 아니기 때문이다.

V

이단 발생과 이단 반박 문헌

1. 영지주의

하성수

영지주의의 기원과 핵심

영지주의gnosticismus는 2~3세기 그리스도교에 위협을 가장 많이 준 정신적 운동으로, 다양하고 개별적으로 매우 세분화된 체계에서 발생했다. 영지주의는 바빌론의 점성술, 이란의 이원론, 이집트 또는 헬레니즘의 종교혼합주의, 유대교와 그리스도교의 언어·철학·신화, 밀교적 신비를 받아들였다.

'영지'gnosis라는 말은, 그리스 철학을 학문적으로 연구하거나 비판함으로써 얻는 '통찰력' 또는 쿰란 공동체에서 말하는, 하느님 율법에 대한 참된 인식인 '지식'을 뜻하지 않는다. 영지주의자 테오도투스의 영지와 관련된 유명한 질문을 통해 영지를 정의 내릴 수 있겠다. "우리는 누구였는가? 우리는 무엇이 되었는가? 우리는 어디에 있으며, 어디로 던져졌는가? 우리는 어디로 급히 가며, 무엇으로부터 자유로운가? 탄생은 무엇이며, 재생은 무엇인가?"[31]

영지의 핵심은 인간의 현존이 근간을 이룬다. 곧, 인간이 어떻게 지금의 상황에 이르게 되었으며, 거기에서 어떻게 해방될 수 있는지가 문제였다. 이러한 영지의 근본 체험을 설화로 재구성하면 다음과 같다.

> 미지의 하느님이 당신의 신적 배우자로 생각되는 소피아(지혜)와 함께 여덟 개로 이루어진 하늘에 거주한다. 하느님과 소피아는 여덟 개 하늘의 주민인 천상의 자식들을 낳았다. 소피아가 어느 날 신적 남편 없이 자식을 만드는데, … 그가 데미우르구스다. 데미우르구스는 맨 먼저 다른 여섯 하늘들의 통치자를 만들어 냈다. 하느님과 소피아를 제외하고 첫 번째 통치자인 데미우르구스를 비롯한 일곱 통치자들은 이제 물질로 세속적 세상과 인간을 창조했다. 그러나 인간은 벌레처럼 땅에서 기어다녔으며 일어설 수 없었다. 그때 미지의 하느님은 당신이 있는 빛의 세계에서 인간 육체에 영혼을 보냈다. 인간은 일어서서 통치자들이 세상을 창조했음을 깨닫고, 자신의 영혼이 통치자들 위쪽에 있는 빛의 나라에 속했음을 알게 된다.

영지주의자들이 말하는 미지의 하느님은 영의 세계만 지배하고 물질의 세상과는 전혀 상관이 없는 신이다. 그들은 영의 세계를 어떤 물질적 요소도 존재하지 않는 플레로마 세계 — 영의 세계 또는 충만함의 세계 — 라고 부른다. 고대 후기의 영지주의자들은 자신들의 고향인 플레로마 세계에서 물질세계로 떨어져 육체와 물질의 어둠에 사로잡히게 되었다고 여

◀31 알렉산드리아의 클레멘스 『테오도투스 발췌』 78.

겼다. 따라서 영지주의자는 근본적으로 이 세상에서 정처 없이 떠도는 존재로서 체험하게 된다. 인간은 자유롭지 못하고 노예로 살아야 하지만 이 상태가 계속되어서는 안 된다는 것을 알아챈다. 이 때문에 인간은 외부에서 주어지는 은총이 아니라 영지를 통해 내적으로 인식되는 구원을 갈망한다.

구원론

영지주의 구원론의 주요 관심사는 세상의 악, 인간이 세상에 처한 상황, 인간의 구원 가능성이었다. 영지주의의 또 다른 학설 체계에 따르면, 구원은 물질세계와 직접적으로 관련이 없는 미지의 하느님에 의해 이루어진다. 태고에 인류의 타락으로 미지의 하느님과 다른 물질세계에 속하는 데미우르구스 — 구약의 하느님 — 가 세상을 창조했다. 이 때문에 데미우르구스가 창조한 세상은 본디 악하다. 인간은 참된 본성에 따라 미지의 참된 하느님과 본질적으로 같으나 인간 안에 있는 신적 섬광은 세상에 얽매여 있는 물질적 육체로 말미암아 데미우르구스에 예속되었다. 이러한 이유로 인간의 동경과 목표는 물질에서 해방과 선택받은 사람들에게 유보된 영지를 통해서만 이를 수 있는 참된 하느님께 돌아가는 것이다. 그런데 영지주의자들이 말하는 구원은 신적 섬광을 지니고 있는 모든 이에게 주어지는 것이 아니라 일부 선택된 이들에게 제한된다는 점에서 그리스도교의 보편적 구원론과 상반된다.

영지주의자들은 우주론적 인류의 타락이 그들을 비천한 처지에 빠뜨렸다고 생각했기 때문에 물질세계에 떨어진 자신들의 상황에 책임을 지지 않았다. 영과 육에 관한 영지주의의 이원론적 근본 확신은 서로 다른 두 가지 형태로 나타난다.

곧, 모든 육식과 성행위를 금하는 '극단적 금욕주의'와 이와는 정반대로 육체는 전혀 쓸모없는 것이기에 음란한 짓을 해도 상관없다는 '윤리적 방탕주의'가 그것이다.

영지주의와 신약성서

교회가 생성되던 시기에 영지주의 지도자들의 학설 체계는 눈에 띄게 많은 점이 일치한다. 곧, 세상에서는 타향인이며 죄로 말미암아 인간이 소외되었다는 깨달음, 구원에 대한 갈망, 예수를 하늘에서 내려오고 하느님께 돌아간 계시자로 보려는 시도 등이다. 교회와 영지주의의 논쟁은 그들이 영적으로 유사하다는 관점에서 오랫동안 피할 수 없었다. 논쟁은 처음에는 서로 주고받는 국면이었으나, 뒤에는 격렬한 대결로 이어졌다. 이 두 국면은 이미 신약성서에 반영되어 나타난다.

영지주의 사상은 코린토 공동체에서 감지된다. 특별한 지혜에 대한 코린토인들의 열망, 물질적 인간이 아니라 영적 인간이라는 자의식, 끝으로 영지는 교만하게 하고 사랑만이 교화한다는 사도의 경고(1코린 8,1 참조)도 영지주의의 암시로 이해할 수 있다. 코린토 전서 2장 6-9절의 논제들도 명백히 영지주의 색채를 드러낸다. 시대가 지나면서 신약성서 학자들은 영지주의 사상에 몰두했을 뿐 아니라 콜로새서 플레로마-그리스도론이 보여 주듯이(콜로 2,8-10 참조), 영지주의자들의 모순에 도전하기 시작했다. 2세기 초에 씌어진 사목서간들은 더 이상 영지주의와 신학적 논쟁을 하려 하지 않았다. 티모테오서는 다음과 같은 경고로 끝맺는다. "티모테오, 그대에게 맡겨진 것을 지키시오. 속된 잡담과, 사이비 지식에서 나오는 반론들을 피하시오"(1티모 6,20).

2세기 교회는 영지주의와 같은 신학적 수준에서 논쟁할 수는 없었지만 신학은 미래지향적 길로 가고 있었다. 교회는 유일한 구원 원리로서 영지주의를 비난했지만 사변적 인식을 결코 포기하지 않고 합리적인 신앙을 주장했다. 교회는 전승된 계시에 대한 신학적 발전을 통해 신앙을 다른 종교적·철학적 인식들과 관련시키면서 동시에 그리스도교 신앙을 명료하게 밝히려고 노력했다.

오늘날에도 구원을 죄에서 해방으로 이해하지 않고, 인간 안에 내재하는 신성을 깨닫고 그 신성을 여러 방법으로 실현시키려는 '뉴 에이지 운동'도 현대적 영지주의의 일종이라 할 수 있다.

2. 마르키온주의

이연학

복음적 문제 제기

"행복하여라, 네 어린 것들을 붙잡아 바위에다 메어치는 이!" 바빌론에 유배당한 이스라엘의 쓰라린 체험이 담긴 시편 137은 이런 모질기 짝이 없는 언사로 끝난다. 시편을 읽으며 정성스레 기도 — 거룩한 독서 — 해 본 적이 있는 사람이라면 한 번쯤은 이런 구절 앞에서 심한 곤혹감을 가지게 마련이다. 그뿐 아니라 구약의 여기저기서 시도 때도 없이 튀어나오는 '보복의 하느님' 역시 열심한 신앙인의 양심을 괴롭히곤 한다. 솔직히, 어떻게 이런 모습의 하느님이 '원수를 사랑하라!' 하신 그리스도의 하느님과 어울릴 수 있단 말인가.

초세기 교회를 뒤흔든 마르키온(85~160)의 이설異說은 애초에 그 자체로 보면 대단히 복음적인 이런 문제의식에서 출발했다. 그의 열망은, 당대 교회 공동체에서 유대이즘과 별반 다름없이 시나브로 희석되어 가고 있던 복음 메시지를 예수께서 선포하셨던 애초의 순수함 그대로 회복시키는 것이었다. 그는, 지극히 어지신 하느님 아버지께서 예수 그리스도를 통해 순전히 당신 자비로 율법의 저주 아래 놓인 모든 사람을 구원하셨다는 기쁜 소식을 싱싱한 목소리로 다시금 선포하고자 했다.

영지주의 이원론으로 이어지는 신·구약 이원론

그러나 바로 다음 순간 그는 결정적으로 어긋난 방향을 선택하고 만다. 곧, 신약성서를 구약성서로부터 철저히 분리시켜 버림으로써 그리스도교 성서의 단일성을 와해시켜 버린 것이다. 나아가 신약성서 안에서도 유대교적 흔적이 조금이라도 묻었다고 보이는 것은 다 제거해 버리고, 바오로 서간과 루카 복음 — 루카는 바오로의 협조자이므로 — 을 중심으로 성서 목록을 완전히 새로 꾸미기에 이른다. 테르툴리아누스가 전하는 바에 따르면, 그는 자신의 작품 『대립 명제』 *Antithesis*에서 다음과 같이 복음의 하느님과 율법의 하느님을 뚜렷이 대립시킨다. 곧, 전자는 무엇보다 어진 하느님이요 구원자로서 친아드님을 세상에 보내심으로써 당신 스스로 정체를 밝혀 주신 반면, 후자는 무엇보다 정의의 신이요 심판자로서 썩어 없어질 이 세상을 창조함으로써 본색을 드러냈다는 것이다. 신약과 구약을 이렇게 이원론적으로 분리시키게 되면 치러야 할 혹독한 대가는 자명하다. 그리스도교 신앙은 성서를 이해하는 그리스도교적 명오明悟에 의지하여 성서 단일성의 원리를 기반으로 삼고 있는데, 이것이 근본에서 뒤흔들리므로 신앙 전체의 색깔이 변질될 수밖에 없게 되는 것이다. 우선 신약과 구약의 분리는 자연스레 영지주의적 영육 이원론으로 이어진다. 이렇게 되면 그리스도론 수준에서, 그리스도가 참으로 사람의 육신을 취하고 세상에 온 것이 아니라 사람 비슷한 꼴을 하고 세상에 왔다 갔다는 그리스도 가현설假現說(docetismus)이 등장하게 된다. 육신은 '데미우르구스'라고 부르는 구약의 창조신이 만든 악한 물질계에 속한 것이니, 그리스도가 어찌 그런 육신을 취할 수 있겠는가! 나아가 윤리 수준에서도 혼인을 죄악시함은 물론 교회 전례에서 포도주까지 사용할 수 없도록 규정하는 극단적인 엄격주의가 등장하는 것이 당연하다. 이쯤 되면, 신앙은 현세 생활과 철저히 분리되게 마련이다. 세상과 복음은 도무지 어울릴 길이 없는 적대자로 여겨질 따름이다. 신앙 생활은 철저히 현세를 기피하거나 염세적이 되고 마는 것이다.

오늘에 주는 교훈

당대 교회가 어느덧 구체적 현실에서 복음 선포kerygma의 본디 생기를 많이 상실하지 않았더라면, 마르키온의 이설이 대단한 파괴력과 영향력으로 퍼져 나가 일부 지역에서는 5세기까지 존속하는 일이 가능하지 않았을 것이다. 역설적이지만 그리 추측하는 것도 큰 무리는 아닐 것이다. 교부 시대를 살펴보는 것은 언제나 지금의 현실을 이해하는 데 큰 도움을 주지만, 고대의 마르키온 열교裂敎 현상도 오늘을 사는 우리에게 몇 가지 뚜렷한 교훈과 경고를 주고 있다 하겠다.

우선 교회와 그 공동체들이 법조문이나 일사불란한 조직 관리, 윤리적 훈계 등에만 의지하며 다양한 형태로 율법주의의 위험에 빠질 때, 그리하여 복음에 원래 내재한 저 엄청난 해방 체험과 그 근본적인 새로움novum을 간과하게 될 때, 마르키온주의Marcianismus의 아류亞流는 형태만 달리하고 언제나 새로이 나타나서 큰 세력을 얻는다는 것을 후대의 교회사가 여실하게 보여 주고 있다는 점이다.

나아가, 마르키온 이설의 근본이 참된 그리스도교적 성서 해석의 정수를 놓쳐 버린 데 기인한다는 점도 새삼 강조할 필요가 있다. 그리스도는 과연 새 계약의 당사자이지만, 새 계약은 옛 계약을 파괴하지도 대체하지도 않는다. 신약은 오히려 구약의 문자에 숨은 속뜻을 드러내면서 그것을 실현하고 완성한다. 그래서 "구약 안에서 변해야 하는 것은 문자가 아니라 뜻이다"(오리게네스)라고 했고, 그리스도인이 구약을 읽을 때는 '신비를 덮고 있는 너울'mysterii velamen을 벗겨 내고 비로소 '너울로 가려진 신비'mysterium velatum의 속내를 보아야 한다고도 했다(클레르보의 성 베르나르두스). 신구약의 이러한 역동적 일치에 대해서는 앙리 드 뤼박이 대가다운 필치로 잘 설명한 바 있거니와(『중세 주석』), 오늘날도 교회의 신학이 이 안목을 놓치면 말씀을 자기의 신학적 전망에 끼워 맞추려는 유혹에 빠지거나, 기껏 본문에서 윤리적 교훈만을 뽑아낼 줄밖에 모르는 무능력에 노출되기가 십상이다. 예컨대, 이미 유행이 지났지만 한때 개신교 자유주의 신학 진영 일부에서 성서를 구미에 맞게 삭제하고 오려 붙이던 경향이, 사실은 마르키온주의의 새 버전이 아니라 할 수 있겠는가? 어제나 오늘이나 말씀을 내 신념에 끼워 맞출 것이 아니라 내 신념을 말씀의 빛으로 식별해야 함을 고대의 마르키온 이설은 웅변적으로 경계한다.

3. 몬타누스주의

하성수

몬타누스주의 발생

몬타누스주의는 2세기 중엽 몬타누스가 소아시아의 프리기아 지방에서 종말에 관한 희망과 임박 기대를 바탕으로 교회의 생활 규범을 극단적으로 쇄신하려고 펼친 예언 운동이다. 이미 2~3세기부터 여러 교회회의에서 이단으로 단죄받은 이 운동은 창시자의 이름을 따서 '몬타누스주의', 발생지에 따라 '프리기아 사람들의 이단', 운동의 성격에 따라 '새 예언'으로도 불린다.

이 운동의 창시자 몬타누스는 그리스도교로 개종하기 전에는 프리기아의 여신 키빌레 신전의 사제였다. 그는 자신을 주님께서 교회에 보내기로 약속한 진리의 영, 협조자의 도구라고 여기며, 그 당시 교회의 매우 절박한 문제에 대응하려 했다. 그는 임박한 세상 종말을 선포하고, 그리스도인에게 세상을 멀리하고 종말을 준비하도록 권고하면서 원시 그리스도교의 열정을 다시 일으키려 했다.

몬타누스주의의 특징

몬타누스주의의 특징은 계시다. 몬타누스와, 그와 함께 활동한 여예언자 프리스킬라와 막시밀라는 무아경에서 받은 신탁으로 계시를 선포했다. 특히, 이 세 사람은 예언의 은사를 받았는데 이 은사는 더 이상 계승되지 않고 자신들과 함께 끝난다고 주장했다. 막시밀라는 "내 뒤에는 더 이상 어떤 예언자도 오지 않으며, 종말의 완성이 올 것이다"라고 말했다. 따라서 그들이 전파한 내용은 전적으로 종말론적이다.

그들은 예언적 영의 선물을 임박한 종말에 관한 기대로 여기는 사도행전 2장 17절과 20절을 바탕으로 임박 기대를 화두의 실마리로 삼았다. 몬타누스파는 임박 기대가 실현되는 장소를 제한하면서, 묵시록 21장에 나오는 새 예루살렘과 천년왕국이 프리기아 지방의 페푸자라는 마을에서 실현되리라고 선포했다. 그들은 천년왕국의 도래를 앞당기기 위해 신자들에게 단식, 독신 생활, 성 생활의 자제, 생식, 자선, 순교를 권했다. 더구나 몬타누스파는 스스로 선택된 이들이라는 자의식에 가득 차 중죄를 지은 이들에게 회개할 기회도 주지 않았다.

그들은 당시 교회가 예언자들과 영의 소유자들에게 나타난 원시 그리스도교의 열정은 시든 채 세속화되어 가자 이에 맞서 엄격한 극기를 행했고, 신자들의 보편 사제직을 강조하여 여성의 성직도 허용했다. 예언자들과 여예언자들의 카리스마적 권위는 원시 그리스도교의 예언과 연계되었으며, 예언적 교회가 제도적 교회에 맞섰다.

막시밀라가 197년 사망한 뒤에도 세상 종말이 일어나지 않자, 새 예루살렘에 대한 임박 기대를 주장한 몬타누스주의는 큰 타격을 입었다. 그럼에도 몬타누스주의는 예언이 중심이 된 프리기아 지방의 종교·지리적 특성을 넘어 널리 전파되었다. 이는 몬타누스가 조직을 관리하고 구성하는 데 뛰어났기 때문이다. 하지만 서방의 일부 공동체는 새 예언이 공동체의 분열을 일으킨다는 것을 깨닫고 이를 거부했다. 이와 달리 그리스어권 그리스도인은 새 예언을 그다지 경계하지 않았다. 몬타누스주의는 갈라티아, 시리아, 흑해 연안까지 전파되었다. 200년경 프로클루스는 로마에서 몬타누스주의를 대변했으며, 로마의 주교 빅토르는 몬타누스 사상에 호의적이었던 듯하다.

몬타누스주의의 위험

교회의 많은 주교들은 몬타누스파의 예언이 안고 있는 위험을 감지했기 때문에 몬타누스주의의 확산을 막으려고 노력했다. 주교들은 몬타누스파의 극단적인 순교 열망에 영향받은 사람들을 진정시키려고 했으며, 몬타누스파 예언자들의 권위가 성서의 권위보다 더 높아지고, 그때 형성되던 신약성서 경전이 몬타누스파 예언자들의 신탁과 동등하게 취급되는 현실을 방관할 수 없었다. 그렇지만 그들은 몬타누스파의 핵심적인 유설을 논박할 수 없었기 때문에 어떻게 대응해야 좋을지 몰랐다. 그러나 몬타누스파가 주장한 세상 종말은 일어나지 않았고, 당시의 뛰어난 저술가들인 밀티아데스, 아폴로니우스가 정통 신앙을 변증함으로써 교회의 정통 신앙은 점차 그 입지를 굳힐 수 있었다. 더구나 소아시아의 주교들은 2~3세기경 몬타누스주의에 대응하기 위해 교회회의를 소집하여 몬타누스파의 여예언자와 추종자들을 단죄하고 공동체에서 쫓아냈다. 마침내 티아테이라를 제외한 프리기아 지방의 중부와 남부 도시들은 정통 신앙으로 돌아서게 되었다. 그 뒤로 이 운동은 급속도로 쇠퇴의 길을 걷기에 이른다. 그럼에도 몬타누스주의는 프리기아의 일부 지역과 특히 아프리카의 그리스도인에게서 지속적인 지지를 받았다.

당시 아프리카 지방의 대표적 신학자인 테르툴리아누스는 임박한 종말에 직면하여 그리스도인의 의무를 고취시킨 몬타누스주의가 영의 활동을 북돋운다는 사실에 매료된다. 207년부터 그는 새 예언의 가르침을 옹호하면서 모교회를 '타락한 영혼의 교회'라고 신랄하게 비판하는 적대자로 변신했다(이는 칼 라너 같은 신학자가 '여호와의 증인'으로 개종하는 것만큼이나 충격적인 사건이다). 그는 211~217년경에 저술한 마지막 작품들에서 이 운동의 사상과 일치하는 이론을 정립했다. 그는 과부의 재혼은 간통이라고 말하면서 이는 성령의 뜻을 거스르는 것이라 했다. 또한 박해를 받을 때도 결코 피하지 말고 오히려 자발적으로 순교할 것을 권했다. 몬타누스주의는 테르툴리아누스가 사망한 뒤로는 아프리카에서 자취를 감추었으나 4세기 아프리카 교회의 도나투스주의에 영향을 미쳤다.

제도와 쇠퇴

4세기 이후의 몬타누스주의에는 두 가지 특징이 두드러진다. 첫째, 새 예루살렘이 페푸자에서 실현되리라는 예언이 이루어지지 않았음에도 몬타누스파는 여러 직급, 곧 주교·사제·부제 외에 코이노노이와 총대주교로 이루어진 교계제도를 만들었다. 에피파니우스에 따르면, 그들의 미사는 활기에 넘쳤으며 종종 열광적으로 거행되었다고 한다. 둘째, 이들은 부활절 축일을 그들의 고유한 방식으로 정했는데, 부활축일 산정은 태양력에 바탕을 두었다.

 교황 인노켄티우스 1세(401~497)는 몬타누스주의를 매우 적대시했고, 호노리우스 황제가 선포한 이단 법령은 서방에서 몬타누스주의가 쇠퇴하는 데 결정적 구실을 했다. 이로부터 150년 뒤 황제 유스티니아누스 1세(527~565 재위)가 이 종파를 추종하지 못하게 법률을 제정함으로써 몬타누스주의는 동방에서도 마침내 어둠 속으로 사라졌다.

4. 리옹의 이레네우스

노성기

생애

 "살아 있는 인간은 하느님의 영광이고, 인간의 삶은 하느님을 바라보는 것이다."[32] "성체를 받아 모실 때 … 우리는 영원한 부활의 희망을 가진다"[33]라는 주옥같은 신앙고백을 남긴 리옹의 2대 주교 이레네우스는 유아세례의 필요성을 처음으로 언급한 교부다. 그는 소아시아의 스미르나에서 태어나서(135~140년경) 202년경에 순교했다. 그의 축일은 6월 28일이다.
 '이레네우스'(평화를 사랑하는 사람)라는 이름이 뜻하는 것처럼, 그는 교회의 평화를 위해 헌신한 사랑의 목자요, 영지주의에 대항하여 그리스도교 정통 교리를 수호한 일치의 신학자이며 수렴의 신학자였다. 그는 2세기 호교 교부들 가운데 가장 뛰어난 교부다.

---

[32] 이레네우스 『이단 반박』 6,20,7.
[33] 같은 책 4,18,5.

폴리카르푸스의 문하생으로 동문수학한 옛 친구 플로리누스가 로마의 사제로 있다가 몬타누스주의자가 되자, 이레네우스는 그에게 정성 어린 충고를 한다. 그의 편지에는 자상하고 너그러운 그의 성품이 잘 드러난다.

> 플로리누스여, 그런 내용은 한마디로 옳은 교리가 아니네. 교회의 가르침과도 일치하지 않을 뿐 아니라, 그런 교리를 믿는 사람들을 엄청난 불경스러움 속으로 빠지게 한다네. 심지어 교회 밖에 있는 이단자라도 그런 교리를 입에 담지 않네. … 어린 시절, 내가 소아시아에서 폴리카르푸스의 문하생으로 있을 때, 그대를 만났지. 그대는 궁중에서 잘 지내고 있으면서도, 폴리카르푸스로부터 인정을 받고 싶어서 무척 애를 썼었지.[34]

일치와 평화의 중재자

이레네우스는 동방교회와 서방교회의 일치와 평화를 위해 노력한 중재자였다. 동서방 교회는 각각 다른 날짜에 부활절 축일을 지내고 있었다. 그러자 빅토르 1세 교황(189~198/199 재위)은 소아시아 교회의 부활절 축일 날짜를 금지시키면서 이를 어기면 단죄하겠다고 선언했다. 이 문제로 동서방 교회가 불화와 갈등에 휩싸였다. 이때 동서방 교회의 전통을 잘 알고 있던 이레네우스는 빅토르 교황에게 두 차례 편지를 보내 폴리카르푸스와 아니케투스의 경우를 상기시키면서 각 교회의 전통을 존중하여 교회의 일치를 이루도록 호소했다.

---

[34] 에우세비우스 『교회사』 5,20.

영지주의의 위험성 폭로

이레네우스의 가장 큰 업적은, 영지주의의 위험성과 정체를 적나라하게 폭로하여, 사도로부터 이어오는 "진리에 대한 확실한 특은"[35]인 성전聖傳을 수호했다는 점이다. 영지주의는 당시 유행하던 모든 사상을 자기들 편리한 대로 섞어 만든 '혼합' 사상이었다. 영지주의자들은 구약성서를 받아들이지 않고 구약의 하느님과 신약의 하느님은 서로 다르다는 이원론적 신관을 주장했다.

영지주의자들이 자신들의 사상을 전파시키면서 그리스도교의 용어를 사용했기 때문에 그리스도교 신자들은 영지주의의 속임수에 쉽게 넘어갔다. 그러나 당시 교회는 아직 영지주의의 위험성과 실체를 제대로 파악하지 못하고 있었다. 이런 상황에서 이레네우스는 영지주의의 실체를 파악하고, 『이단반박』*Adversus Haereses*을 저술했다. 이 책은 이레네우스의 가장 유명한 작품이며 초대교회의 가장 귀중한 작품 가운데 하나다. 이 책에는 영지주의 이단과 정통 그리스도교의 가르침에 대한 내용들이 풍부하게 들어 있다. 『이단 반박』은 5권으로 되어 있는데, 제1권은 영지주의자 발렌티누스의 학설을 자세하게 소개하면서 논박하고, 영지주의 각 계파의 중요한 창시자들을 소개한다. 가장 중요한 내용을 담고 있는 제3권은 신구약 성서를 인용하면서, 신구약 성서의 저자이신 하느님은 한 분이시라는 유일성을 증명하고, 그리스도의 강생을 구원사적으로 설명한다.

---

[35] 이레네우스 『이단 반박』 4,26,2.

그리스도 중심의 수렴 사상과 로마 교회의 수위권 강조

이레네우스는 '그리스도 중심의 수렴 사상'을 펼치면서 역사를 신학적으로 해석한 최초의 그리스도교 저술가였다. 하늘과 땅의 모든 존재가 그리스도를 중심으로 수렴되고 그분을 머리로 하여 완성된다는 이레네우스의 그리스도 중심의 '수렴'recapitulatio 사상은 1,800여 년이나 지난 뒤에 떼이야르 드 샤르댕의 사상에서 다시 보게 된다.

그 외에도 그는 로마 교회의 수위권을 강조하면서 모든 교회는 로마 교회와 일치해야 한다고 주장했다. "모든 교회, 곧 전 세계에 있는 신자들은 강력한 수위권을 지닌 이 (로마) 교회와 일치를 이루어야 한다. 왜냐하면 이 (로마) 교회에는 그들을 통해서 전해 오는 사도 전승이 항상 보존되어 있기 때문이다."[36]

그런가 하면 이레네우스는 '불순종과 순종', '첫 아담과 둘째 아담(그리스도)', '첫 하와와 둘째 하와(마리아)'를 대비시키면서, 아담과 하와의 불순종은 죽음을 가져왔지만, 그리스도와 마리아의 순종은 생명을 가져왔다고 설명한다. "하와의 불순종이 그녀와 전 인류에게 죽음을 주는 원인이 되었지만, 마리아의 순종은 그녀와 전 인류에게 구원을 주는 원인이 되었다."[37] "하와의 불순종이란 매듭은 마리아의 순종으로 풀렸다."[38] "우리는 아담 안에서 상실했던 '하느님을 닮은 모상'을 예수 그리스도 안에서 회복했다."[39]

---

[36] 같은 책 3,3,2.
[37] 같은 책 3,22,4.
[38] 같은 곳.
[39] 같은 책 3,18,1.

『사도적 선포의 논증』*Demonstratio praedicationis apostolicae*에서는 목자 이레네우스의 진면목을 엿볼 수 있다. 이 작품에서 이레네우스는 신자들에게 신앙 생활을 충실히 하면서 어떤 경우에도 이단에 빠지지 마라고 당부한다. 왜냐하면 "교회가 있는 곳에 하느님의 영(성령)이 있고, 하느님의 영이 있는 곳에 교회와 모든 은총이 있기 때문이다".[40]

끝으로, 성서 공부를 하는 것은 학문적인 훈련을 하는 것이 아니라, 오히려 순교를 준비하는 것이라던 이레네우스, 그는 자신의 말처럼, 마침내 순교의 월계관을 썼다. 오늘날 성서 공부를 많이 하는 우리 그리스도인에게 시사하는 바가 크다. 우리도 언제쯤 신앙인으로서 이레네우스의 진면목을 그대로 드러낸 이런 신앙고백을 할 수 있을까?

---

[40] 같은 책 3,24,1.

5. 로마의 히폴리투스

최원오

초세기부터 로마 교회는 다른 지역교회들과 형제적 친교를 이루면서 사랑과 일치의 구심점이 되어 왔다. 베드로와 바오로가 직접 로마에서 선교했고, 마침내 그곳에서 순교했다는 사실 때문에, 로마 교회는 세상에 널리 퍼져 있는 모든 자매 교회들의 맏언니 노릇을 하고 있었다. 그러나 로마 교회가 누리던 사랑과 친교의 으뜸 역할이란, 오늘날과 같은 법적이고 제도적인 수위권이 아니었을 뿐 아니라, 로마 교회는 신학적으로도 교부 시대를 통틀어 뒤떨어진 교회였다.

로마의 첫 신학자

오히려, 서방 신학의 중심지는 로마가 아니라 북아프리카였다. 우리의 선입견과는 달리, 지중해를 끼고 있던 북아프리카 교회는 정치, 종교, 군사, 문화에 있어서 로마에 버금가는 중요한 자리를 차지하고 있었다. 이곳에서 바로 테르툴리아누스, 치프리아누스, 아우구스티누스와 같은 위대한 교부들이 그리스도교 신학을 활짝 꽃피웠다. 그 밖에도, 카파도키아 (오늘날의 터키), 알렉산드리아(오늘날의 이집트), 안티오키아 등지에서 신학 작업이 활발하게 이루어져, 4세기에 접어들면서 이른바 '교부학의 황금시대'를 열었지만, 그때까지도 로마 교회는 다른 교회들의 신학 수준을 따라잡기는커녕, 내세울 만한 신학자 한 명 배출하지 못한 채, 이단 논쟁에조차 제대로 끼어들 수 없는 형편이었다. 그나마 로마 교회의 체면을 살려준 교부가 한 명 있었으니, 그가 바로 히폴리투스다.

엄격주의와 관용주의의 대결

히폴리투스는 로마 교회의 신부로서, 학문적으로 뛰어난 인물이었다. 이미 유명세를 타고 있었기 때문에, 너 나 할 것 없이 인정하는 강력한 차기 교황 후보였다. 그러나 기대와는 달리, 제피리누스 교황이 세상을 떠나자 칼리스투스 부제가 로마의 주교로 뽑혔다. 칼리스투스는 노예 출신의 부제로서 로마 성 밖에 있는 지하 공동묘지를 관리하던 사람이었다. 히폴리투스로서는 받아들이기 어려운 일이었다. 이때부터 히폴리투스는 끊임없이 칼리스투스의 사목 노선을 비판하면서 날카롭게 대립하게 된다. 칼리스투스 교황(217~222 재위)은 참회 예식과 죄의 용서에 있어서 너그러운 태도를 취했다. 그러나 히폴리투스는 칼리스투스의 관용적인 태도를 못마땅하게 여긴 나머지, 교황이 교회의 규율을 흐트러뜨린다고 헐뜯으며, 스스로 엄격주의 노선을 취했다. 히폴리투스는 엄격한 참회 조건을 채우지 못한 신자들을 교회에 다시 받아들이기를 거부했다. 노아의 방주에는 더러운 짐승들이 없었듯이, 교회 안에도 죄인들이 들어올 수 없으며, 교회란 모름지기 '거룩하고 의로운 사람들'만의 공동체여야 한다고 주장한 것이다. 이 두 사람의 상반된 노선은 오늘날까지도 교회 안에서 줄기차게 흐르고 있는 '엄격주의'와 '관용주의'라는 두 물줄기의 원류原流가 되었다. 그러나 2,000년 교회사에서 '거룩하고 순결한 사람들만의 교회'를 주장한 엄격주의자들은 한결같이 이단이나 열교裂敎에 빠지고 말았다. 왜냐하면 예수께서는 죄인, 세리, 창녀, 병자들을 불러 모아 당신 교회를 세우셨기 때문이다.

첫 대립 교황의 탄생

불행하게도 히폴리투스는 논쟁에만 머물지 않고, 마침내 자신의 지지자들을 끌어 모아 교회를 세우고, 자기야말로 로마의 진짜 주교라고 주장하기에 이르렀다. 교회 역사상 처음으로 '대립 교황'이 탄생하는 순간이었다. 칼리스투스가 세상을 떠난 뒤에도, 로마 안에는 적어도 13년 이상 이른바 두 교황이 맞서고 있었다. 그러나 막시미누스 트락스 황제는 폰티아누스 교황(230~235 재위)과 히폴리투스 대립 교황(217~235 재위)을 둘 다 사르디니아 섬으로 귀양 보냈다. 그들은 유배지에서 죽기 전에야 비로소 화해했다. 이 두 사람의 유해는 얼마 후 로마에 함께 옮겨져서 한날한시에 서로 다른 장소에 묻혔다.

사도 전승의 전수자

히폴리투스의 대표작은 『사도 전승』*Traditio apostolica*이다. 이 책은 초세기 교회 생활, 특히 전례와 성직 계급에 관한 규정들을 담고 있는 교회 규정집이다. 예컨대, 오늘날 미사 때 사제가 드리는 감사기도 — "거룩하신 아버지, 사랑하시는 성자 예수 그리스도를 통하여 감사함이 …" — 는 바로 이 문헌에 보존되어 있다. 그 밖에도 오늘날 사용하고 있는 주교·사제·부제품 예식 기도문과 규정은 거의 히폴리투스의 『사도 전승』에서 따온 것들이다. 이처럼 초세기 교회의 관행과 규정들을 고스란히 전해 주고 있다는 점에서 이 책은 소중한 가치를 지닌다.

그러나 다른 한편에서 보면, 『사도 전승』은 예수께서 남겨 주신 생생한 복음과, 예수께서 그토록 비난하셨던 율법주의를 뒤섞어 버렸다고 할 수 있다. 예컨대, 축복 예식에 관한 규정에서 "소출들, 곧 포도·무화과·석류·올리브·배·사과·오디·복숭아·버찌·편도 열매·자두는 축복할 것이나, 수박·멜론·참외·양파·마늘 그리고 다른 채소들은 축복하지 말 것이다. 그리고 때때로 꽃들도 봉헌할 것이니, 장미와 백합은 봉헌하되 다른 것들은 봉헌하지 말 것이다"[41]라고 가르치고 있다. 유대교의 율법주의 냄새가 진하게 풍기는 대목이 아닐 수 없다. 규정집이란 교회 공동체의 관행과 전승을 담아내는 그릇에 지나지 않을 뿐 세월 속에서 변화하게 마련이다. 이 세상의 것은 다 지나가고 만다. 영원히 변하지 않는 그리스도인들의 유일한 계명은 오직 '사랑'뿐이라는 사실이 더욱 분명해진다.

---

[41] 히폴리투스 『사도 전승』 32장.

VI

알렉산드리아 교부

1. 알렉산드리아의 클레멘스

장인산

이교 철학 수용

　기원전 331년 알렉산더 대왕이 세운 도시 알렉산드리아는 일찍부터 많은 유대인들이 거주했다. 알렉산드리아의 랍비들은 헬레니즘 세계와 더 잘 접촉하기 위해 구약성서를 그리스어로 번역했다. 그 결과, 이곳에서 『70인역 성서』*Septuaginta*가 탄생했다. 70인역으로 시작된 구약성서와 히브리 사상과의 교류와 조화는 유대인 학자 필론에 의해 크게 발전했다. 이로써 성서와 그리스 철학이 서로 만나는 계기가 되었다. 이처럼 알렉산드리아는 그리스도교를 받아들일 토양이 이미 갖추어져 있었다. 마르코 사도는 이곳에 복음을 선포하여 교회를 세웠다.[42] 알렉산드리아 교회가 두각을 드러내기 시작한 것은 2세기 후반, 판태누스가 예비자들을 가르치는 교리학교를 세운 후부터인데, 그가 바로 클레멘스의 스승이었다.

---

[42] 에우세비우스 『교회사』 2,16.

이전의 호교 교부들은 박해와 공격이라는 압박 속에서 임시적이고 부분적인 해답을 제시하는 호교론적 · 논쟁적 저술들을 펴냈지만, 알렉산드리아의 신학자들은 보다 포괄적이고 전체적인 신앙 진리를 다루며 체계적인 신학 저서들을 제시하는 선구자 역할을 담당했다.

150년경 그리스 아테네의 이교 가정에서 태어난 클레멘스는 학구적인 사람이었다. 그리스도교에 귀의하기 전, 그는 진리를 구하려고 시칠리아와 시리아, 팔레스티나 등을 다니며 훌륭한 교육을 받았다. 결국 180년경에 알렉산드리아에 와서 판태누스를 만나 그리스도교에 입문하게 되었다. 그는 판태누스가 세운 교리학교의 학생으로, 사제품을 받은 뒤에는 보조자로(190년경), 그 후에는 교장으로 활약했다(198).

스승의 뒤를 이어 이 학교의 책임자가 된 클레멘스는 알렉산드리아의 지성인들을 받아들여 고전 문화와 복음을 조화시키는 작업을 계속해 나갔다. 클레멘스의 유명한 제자들은 오리게네스, 팔레스티나 카이사레아의 주교 알렉산더. 셉티미우스 세베루스 황제의 박해(202~203) 때 카파도키아로 피신한 클레멘스는 예루살렘과 안티오키아로 가서 교회에 봉사하며 저술 활동을 계속하다 212년경 별세했다. 동방교회에서는 그를 순교 성인으로 공경한다. 그는 성서에도 매우 정통했을 뿐 아니라, 이교 철학 · 고고학 · 신화학 · 문학 등에도 두루 박학했다. 이 사실은 그의 저서들 안에서 구약성서와 신약성서가 수천 번 인용되고, 360번에 걸쳐 이교 문헌들이 그의 작품을 인용하는 것으로 미루어 알 수 있다.

클레멘스는 신앙과 이교 철학은 서로 모순되는 것이 아니며, 오히려 모든 학문은 신학에 도움을 주고 그리스도교는 모든 이교 학문의 영광이며 화환이라는 확신을 가지고 있었다. 이교 철학과 그리스도교의 이러한 조화는 스승이신 그리스도께서 모든 인간 이성 안에 역사하신다는 '로고스 신학'에 기초를 두고 있다. 클레멘스는 이교 학문을 거쳐 그리스도교의 진리에 이르게 되는 과정, 이른바 회심의 세 단계에 상응하는 세 작품을 남겼다. 그는 이 세 작품을 체계적인 구조로 계획했고, 이 가르침을 통해 그리스도교 신자를 어린아이 같은 영적 수준에서 완숙한 성인으로 지도하는 데 목적을 두었다.

『그리스인들을 향한 권고』 Protrepticus ad Graecos

열두 권으로 이루어진 이 저서는 제목이 암시하듯이 호소의 성격을 띤 호교론적 작품이다. 제1부에서 클레멘스는 우상숭배와 신화에 기반을 둔 이교 사상의 맹목성과 부도덕성을 지적하면서 비판한다. 제2부에서는 그리스도를 인류의 참된 교사로 부각시키면서 고작 유아기에 불과한 이교 사상에서 벗어나 그리스도교의 성숙한 진리의 품으로 돌아오기를 권고한다.

『교육자』 Paedagogus

세 권으로 되어 있는 이 저서는, 『그리스인들을 향한 권고』의 속편이라 할 수 있는데, 그리스도교에 귀의한 새 신자들이 합당하게 신앙 생활을 영위하는 데 필요한 내용을 가르치고 있다. 여기서 그리스도는 참된 교육자로, 신자들은 어린이들로 묘사된다. 세례를 통해 하느님의 자녀가 된 신자들은 교회 안에서 참된 스승이신 그리스도로부터 가르침의 자양분을 받아 성장한다.

『양탄자』 Stromata

여덟 권으로 이루어진 이 저서는 일정한 순서 없이 마치 들판에 피어 있는 갖가지 꽃들을 한데 모으듯 여러 형태의 글들을 포함하고 있다. '양탄자'란 이름이 붙여진 이유는, 마치 여러 색깔의 실들을 짜서 하나의 양탄자를 만들어 낸다는 뜻에서, 매우 다양한 주제를 다룬 여러 형태의 글들을 모아 만든 책에 붙여지는 당시의 관행 때문이다. 내용은 구약과 신약의 의미, 철학과 계시와의 관계, 신앙과 인간의 운명에 관련된 문제들, 그리스도인의 혼인과 독신 생활, 순교와 완덕, 하느님의 지식으로 이루어진다. 클레멘스는 그리스도교와 이교 문학, 곧 신앙과 철학과의 관계를 비교하는데, 그리스 철학의 유익성과 필요성을 말하면서도 신앙의 우위성을 역설하고 있다. 철학은 신학의 준비 과정이며, 그리스도교 신앙은 참된 철학이다.

그는 성서는 하느님 말씀이며, 전승은 신앙의 원천이 되고, 이 두 가지는 교회 안에서만 옳게 보존되고 가르쳐진다고 역설한다. 교회는 사도로부터 이어져 내려오는 하나며, 참되고, 변함이 없으며 "그리스도의 신부新婦이자 동정녀이며 동시에 어머니"라고 말한다.

하느님은 삼위일체시며, 로고스는 하느님이며 사람이고, 세례성사는 인간을 윤리적으로 새롭게 태어나게 만든다고 가르쳤다. 고해성사는 참으로 어려운 재생의 성사로서 죄를 씻어 준다. 클레멘스는 성체가 우리를 키우고 그리스도와 일치시키는 새로운 영적 양식이라고 강조한다. 미사 때 포도주에 물을 섞는 예식과 그것이 그리스도의 성혈로 변화되는 신비에 대해 다음과 같은 의미 있는 신학을 설파한다. "주님의 피는 두 가지 형태로 되어 있습니다. 하나는, 십자가에서 흘리신 육적인 피로서 우리는 이를 통해 육신의 부패에서 구원됩니다. 다른 하나는, 영적인 피로서 우리가 이를 통해 그분과 일치되는 것은 예수님의 피를 마심으로써 주님의 불멸성에 참여하기 때문입니다. 성령께서 로고스께 능력을 주시듯이 주님의 피는 우리 인간에게 영적 힘을 줍니다."[43]

---

[43] 알렉산드리아의 클레멘스 『교육자』 2,19 이하.

2. 오리게네스

이연학

생애

　오리게네스는 185년 알렉산드리아의 아주 열심한 그리스도인 가정에서 태어났다. 철저한 신앙교육과 세속 교육을 받은 그는 플로티누스의 스승 암모니우스 사카스 문하에서 배우며 철학적으로도 괄목할 만한 소양을 쌓았다. 202년 부친이 순교로 생을 마감한 이후 생계를 위해 문법학교를 열어 큰 성공을 거두며, 당시 알렉산드리아 주교 데메트리우스에게 발탁되어 예비자들의 교리교육에도 헌신하게 된다. 이리하여 이른바 '알렉산드리아 교리학교'는 그의 명성으로 말미암아 크게 부흥하게 된다. 로마와 요르단(아라비아), 팔레스티나의 카이사레아 등을 두루 다니며 가르침을 펴기도 했는데 (215~220), 바로 이것이 관할 주교 데메트리우스의 심기를 불편하게 했다. 그가 아직 평신도라는 점을 문제 삼으려 하자 카이사레아의 주교가 오리게네스를 사제로 서품했다. 이후 알렉산드리아로 돌아왔을 때 데메트리우스는 그의 사제직이 무효라고 선언하고 파문과 함께 유배를 명한다. 이에 오리게네스는 카이사레아로 피신하여 거기서 알렉산드리아의 교리학교와 유사한 학교를 설립하고 설교와 성서 주석의 두 소임을 수행했다. 250년 데키우스 황제 박해 때 붙잡혀 옥살이를 하며 모진 고문을 당했는데, 결국 고문 후유증으로 세상을 떠나게 되었으니, 이 위대한 인물이 어릴 적부터 키워 오던 순교의 꿈은 사실 이루어진 셈이라 하겠다.

그는 고대에서 그리스도교 안팎을 막론하고 가장 많은 저술을 남긴 사람으로 평가받는다. 그러나 사후에 벌어진 소위 '오리게네스주의 논쟁'의 여파로 불행히도 많은 저술이 조직적으로 파괴되고 말았다. 살아남은 그의 작품들 중 일부만이 그리스어로 전해 오고, 많은 분량이 루피루스 등의 라틴어 번역본으로 전해 온다. 엄청난 분량의 저술은 철학과 신학, 영적 생활 등 그가 건드리지 않은 분야가 도무지 없었다는 사실을 잘 보여 주는데, 여기서는 이 특별한 교부의 사상과 저술을 신학자, 신비가, 주석가의 세 면모로 정리해 보고자 한다.

신학자 오리게네스

우선 그는 믿기 어려울 정도의 지식과 엄청난 창의력을 동시에 갖춘, 참으로 희귀한 역량의 대신학자였다. 특히, 네 권으로 구성된(1권은 하느님, 2권은 세상, 3권은 인간, 4권은 성서를 다루고 있다) 『원리론』*De principiis*은 모든 면에서 토마스 아퀴나스의 『신학대전』*Summa Theologiae*의 선구가 된다. 이 작품은 젊은 시절에 쓴 것인데, 더러 지나치게 대담한 가설들이 있어 사후 박해의 원인이 되기도 했다. 그러나 그가 사실을 전하는 데 있어서 얼마나 성서에 토대를 두고 '신앙 규칙'regula fidei에 충실했는지, 그의 저술들을 직접 읽으며 전체 맥락에서 이해하려고 애써 본 사람은 금방 알게 된다. 사실 그의 과감한 가설들 — 예컨대 영혼 선재설 — 은 교의적 주장dogmatikos의 성격을 지닌다기보다는, 어떻게 하면 말씀을 자기 시대의 언어로 전할 수 있을까 고민해야 하는 신학자로서 마땅히 해야 할 신학적 실험 혹은 훈련gymnastikos의 성격을 띤다고 보아야 한다.

신비가 오리게네스

그러나 그는 결코 창백한 지식인이 아니었다. 그의 저술 곳곳에서 드러나는 아찔한 영적 통찰력은 이미 깊은 하느님 체험을 전제로 하는 것이다. 그가 즐겨 바오로의 표현을 빌려 말했듯이, 오직 영적인 사람만이 영적인 것을 이해할 수 있는 법이다. 그는 한평생 세상 안에 현존하시는 하느님의 신비를 성서 안에서 간파하며, 마치 『아가』雅歌에 나오는 신부新婦와 같은 열망으로 세상 안에서 하느님의 숨은 현존을 찾아다녔다. 그는 성령 안에서 이루어지는 거룩한 변모transfiguratio는 모든 그리스도인의 여정으로서 정화淨化와 조명照明 그리고 일치一致의 세 단계를 거쳐 완성된다고 보았는데, 이후 거의 모든 그리스도교 신비가들도 사실상 이 도식을 벗어나지 못했다. 드 뤼박의 증언을 빌리지 않더라도, 그를 그리스도교 전통이 낳은 위대한 신비가 중 하나로 보는 것이 결코 무리는 아닐 터다.

성서 주석가 오리게네스

오리게네스는 이렇게 뛰어난 신학자요 영적 스승으로서 자기 삶의 토대를 무엇보다 성서와 그 해석에 두고 있었다. 그래서 이 교부의 세 번째 면모는, 그리스도교 역사 가운데 가장 중요한 주석가라는 데 있다. 더러 지나치게 주관적인 해석으로 비판을 면치 못하기도 하지만, 사실 오리게네스는 고대 교회에서 어느 누구보다 역사·문헌 비평적 감각으로 충만한 주석가였다. 무엇보다 먼저 본문의 회복이 중요하다는 사실을 잘 알았기에, 구약성서에 대한 최초의 본문비평이라 할 수 있는 『헥사플라』*Hexapla*(육중역본 구약성서) 같은 놀라운 작업이 탄생할 수 있었다. 그러나 그는 본문의 '문자' 혹은 역사적 의미의 수준에만 머물지 않고 즉시 그 너머로 나아가 영적인 의미를 발견해야 한다고 믿었다. 그러기 위해서 구약성서의 표상은 모두 그리스도와 그분의 파스카 사건에 적용시켜 이해해야 할 예언 혹은 예형임을 깨달아야 하는 반면, 신약성서의 경우 그리스도에 대해 기록된 모든 것은 신앙인 개개인에게 적용되어야 하며 나아가 장차 다가올 세상의 예언으로 이해되어야 한다는 것이다. 이 통찰에 토대를 두고 나온 것이 유명한 '성서의 삼중 (혹은 사중) 의미' — 자구적·윤리적·영적 의미 — 다.

오리게네스는 신학과 영성, 성서 주석, 수도 생활 등 교회 생활의 여러 분야에서 눈에 드러나지는 않지만 '물밑'에서 가장 막강한 영향력을 행사해 온 교부다. 그러므로 아우구스티누스, 토마스 아퀴나스와 함께 교회가 얻은 가장 위대한 스승인 오리게네스의 사상에 대한 정확하고 깊이 있는 이해는 오늘날 우리 교회 생활 면면의 성숙을 위해 대단히 중요하다 하겠다.

/ VII

북아프리카 교부

1. 테르툴리아누스

노성기

생애

테르툴리아누스의 아버지는 총독 관저의 백인대장이었다. 155년경에 카르타고[44]의 이교 가정에서 태어난 테르툴리아누스는 법률을 전공하고 변호사가 되어 로마에서 활동하다, 장래가 보장된 출세를 포기하고 195년경에 그리스도교에 귀의했다. 혹독한 박해 중에도 신앙을 지킨 채 피를 흘리며 순교하는 그리스도인들의 영웅적인 행동이 그를 감동시켰던 것이다. 평신도였던 그는 그 어떤 사제나 주교보다도 더 열정적으로 하느님을 사랑하고, 그리스도교를 수호한 불같은 열정을 지닌 하느님의 전사戰士였다.

---

[44] 지금의 리비아 북부에 위치한 카르타고는 로마와 가까운 지리적 이점 때문에 일찍부터 교통과 무역이 발달한 도시로, 그곳에는 로마 제국에서 세 번째로 큰 원형극장이 있었다. 자긍심이 강한 카르타고인들은 로마인들을 살인과 강도질로 제국을 세운 악당들이라고 멸시했다.

호교론

테르툴리아누스는 그리스도인에 대한 터무니없는 중상모략과 박해에 대해 반박한다. "테베레 강이 범람하거나 나일 강 물이 마른다면, 날씨가 변하지 않거나 지진이 일어난다면, 행여 기근이나 페스트가 발생한다면, 사람들은 즉시 '그리스도인들을 사자 밥으로 내던져라' 하고 소리칠 것이다. 맹수 한 마리를 위해서 그렇게 많은 사람들을?"[45]

수사학과 고급 라틴어에 능통한 테르툴리아누스는 변호사 출신답게 명쾌한 논리와 간결한 문체로 상대를 제압한다. "우리를 십자가에 못박고, 고문하고, 저주하고, 파괴시켜 보아라! 너희의 사악함이 우리의 무죄를 증명할 뿐이다. 그래서 하느님께서 우리에게 고통을 허락하신 것이다."[46] "우리 그리스도인은 박해를 받으면 받을수록, 더욱더 늘어난다. 순교자들의 피는 그리스도교의 씨앗이기 때문이다."[47]

테르툴리아누스는 그리스도인들에게, 이방인 축제에 참여하지 마라고 단호하게 말한다. 이방인 축제는 우상숭배의 온상이고, 그리스도교 신앙에 위배되기 때문이다. 비록 그리스도인이 이방인들과 함께 세상을 공유하고 있지만, 그들의 오류까지 함께 공유하는 것은 아니다.[48] 또한 그는 우상을 조각하는 그리스도인들에게 그런 직업에 종사하지 말고, 돈을 적게 벌더라도 다른 일을 하라고 충고한다. "마르스(軍神)를 조각하는 자는 찬장도 쉽게 만들 수 있지 않겠는가!"[49]

---

[45] 테르툴리아누스 『호교서』 40,2.
[46] 같은 책 50,12.
[47] 같은 책 50,13.
[48] 같은 책 42 참조.

예리한 판단력과 통찰력을 지닌 테르툴리아누스는 성격이 불같았다. 뜨거운 열정과 엄격한 도덕성을 지닌 그에게 적당한 타협이란 없었다. 그의 성격의 일면을 보여 주는 말이 있다. "아테네와 예루살렘이 무슨 상관이 있으며, 아테네 학파와 그리스도교가 무슨 상관이 있단 말인가?"[50]

이단자들과의 논쟁

테르툴리아누스는 이단에 맞서 정의의 펜을 들고 이단자들과 불같은 논쟁을 벌였다. 그는 신앙을 합리적으로 설명하기보다는, 오히려 '어리석은 일이기 때문에 믿는다'라고 역설적으로 말한다. 마르키온이 생각하는 십자가의 수치가 그리스도인에게는 지혜와 희망과 구원이다. 왜냐하면 그리스도교 신앙은 십자가의 어리석음을 믿는 것이기 때문이다. "왜 너는 신앙에 필수적인 이 수치를 없애려 드느냐? 네가 하느님께 부당한 것이라고 하는 것은 모두 다 나에게는 유익한 것이다."[51] "하느님의 아들이 십자가에 못박히셨다는 사실은 부끄러워할 일이기 때문에 나는 그것을 부끄럽게 여기지 않는다. 하느님의 아들이 죽으셨다는 사실은 어리석은 일이기 때문에 믿을 만한 것이다. 묻히신 분이 부활하셨다는 사실은 불가능한 일이기 때문에 확실한 것이다."[52]

---

[49] 테르툴리아누스 『우상숭배론』 8장.
[50] 테르툴리아누스 『이단자 규정』 7.
[51] 테르툴리아누스 『그리스도의 육신론』 5,3.
[52] 같은 책 5,4.

업적

초대교회에서 가장 위대한 신학자 가운데 한 사람이었던 테르툴리아누스는 라틴 신학의 창시자였다. 그는 교회 안에서 최초로 라틴어로 작품을 썼다. '한 본체 안에 세 위격'이라는 삼위일체 정식을 만드는 등 수많은 라틴어 신학용어를 만들어 내기도 했다. 그가 만든 라틴어 신조어가 무려 982개나 된다. 알렉산드리아의 오리게네스가 그리스 신학의 기초를 놓았다면, 테르툴리아누스는 라틴 신학의 기초를 놓았다. 치프리아누스 주교는 테르툴리아누스의 글을 매일 읽으면서 '스승'으로 존경했다.

지나치게 엄격한 윤리 생활을 강조한 그는 배우자가 죽은 후에 재혼하는 것도 간음이며, 박해를 피해 피신하는 것도 배교라고 하면서, 배교·살인·간음과 같은 대죄는 교회도 사해 줄 수 없다고 주장했다.

몬타누스주의 이단에 빠짐

그리스도교를 온몸으로 수호했던 테르툴리아누스는 206년경부터 가톨릭 교회를 맹렬히 비난하고 성령의 교회를 강조하면서, 초대교회의 순수함을 추구하는 것처럼 보이는 몬타누스주의 이단에 빠져 들었다. 가톨릭 교회의 교계제도를 비난하면서 보편 사제직을 주장했다. 성령의 교회와 주교들의 교회, 의인들의 교회와 죄인들의 교회를 비교하면서, 성령의 교회는 구원을 가져다주는 참된 교회이지만, 주교들의 교회는 멸망을 초래한다고 주장했다.

테르툴리아누스와 같은 위대한 신학자가 정통 교회를 등지고 이단에 빠진 이유는 과연 무엇일까? 당시 카르타고 교회는 신자 수는 증가했지만, 신앙의 질은 떨어지고 있었다. 배교자들과 죄인들이 많았고, 행실이 나쁜 성직자들도 있었다. 박해가 끝나자 배교자 처리 문제로 극한 대립을 보였다. 그는 모든 그리스도인은 자신처럼 열정적으로 신앙 생활을 해야 한다고 굳게 믿었다. 주님을 열렬히 사랑한 나머지 미지근한 신앙 생활을 하는 사람들을 도저히 용납할 수 없었던 그는, 끝내 교회가 죄인들의 공동체라는 사실을 인정하지 않았다.

그러나 그의 작품을 읽으면 읽을수록, 우리는 하느님을 향한 그의 불같은 사랑 앞에 벅찬 감동의 눈물을 흘리지 않을 수 없다. 부부란 고난과 기쁨을 함께하며, 시편과 영가를 함께 부르고, 서로 경쟁하다시피 하느님을 찬양해야 한다던 그의 말처럼,[53] 신자 부부들도 서로 앞 다투어 하느님을 찬양하고 가족기도를 즐겨 바치는 성가정을 이루었으면 좋겠다.

---

[53] 테르툴리아누스 『부인에게』 2,8,8 참조.

2. 치프리아누스(키프리아누스)

최원오

치프리아누스의 회심과 순교

치프리아누스(†258)는 북아프리카의 비그리스도인 집안에서 태어나 훌륭한 세속 교육을 받았다. 젊은 나이에 당대 최고의 수사학 교수가 되어 명성을 떨치다, 마흔 살 즈음에 카르타고의 사제 케킬리아누스의 영향으로 성서를 읽게 되면서 마침내 그리스도교에 귀의하게 되었다(246). 세례를 받으면서 모든 재산을 다 팔아 가난한 사람들에게 나누어 주었을 뿐 아니라, 세속 직업마저도 기꺼이 그만두었다. 그리스도인이 된 지 3년도 채 지나지 않아, 치프리아누스는 북아프리카의 수도 카르타고의 주교가 되었다(249). 혜성처럼 나타나 신자들의 뜨거운 사랑을 받는 주교로 우뚝 선 치프리아누스는, 박해 가운데서도 빼어난 학식과 열정으로 교회를 섬겼고, 발레리아누스 황제의 박해(257~258) 때 몸소 순교함으로써, 그리스도인들의 마음속 깊이 자리 잡게 되었다.

교회 바깥에는 구원이 없다?

"교회 바깥에는 구원이 없다"(Salus extra ecclesiam non est). 치프리아누스가 내뱉은 이 말은 오늘에 이르기까지 수많은 신학 논쟁과 오해를 불러일으켜 왔다. 이 명제가 탄생하게 된 사연은 이러하다. 255년경, 마그누스라는 사람이 치프리아누스에게 편지를 보내왔다. 열교나 이단 교회에서 세례받은 사람이 나중에 가톨릭 교회로 되돌아올 경우, 다시 세례를 베풀어야 하는지를 묻는 편지였다. 치프리아누스는 이렇게 답했다. 이단자들이 가톨릭 교회 '바깥'에서 받았다고 주장하는 세례는 세례가 아니라 목욕에 지나지 않는다. 왜냐하면, 가톨릭 교회 '바깥'에서는 성령께서 활동하시지 않기 때문이다. 이단자들은 가톨릭 교회를 떠나면서 이미 성령을 잃어버렸을 뿐 아니라, 성령께서 활동하시지 않는 가톨릭 교회 '바깥'에서는 세례가 유효하게 베풀어질 수 없다. 교회 '바깥'에는 성령도 없고, 유효한 세례도 없고, 세례의 은총도 없고, 세례의 열매인 구원도 없다. 곧, "교회 바깥에는 구원이 없다".[54] 그러므로 교회 '바깥' — 이단과 열교 — 에서 세례를 받은 사람은 가톨릭 교회 '안'에서 반드시 다시 세례를 받아야 한다.

성령은 불고 싶은 대로 분다!

사실, 치프리아누스의 이 주장은 '구원에 관한 가르침'(구원론)이라기보다는, 그릇된 성령론에 바탕을 둔 '세례에 관한 가르침'(성사론)의 결론이다. 그런데 치프리아누스의 이 주장이 마치 구원에 관한 우리 교회의 공식 입장인 듯 오래도록

---

[54] 치프리아누스 『편지』 73,21.

되풀이되어 왔다. "교회 바깥에는 구원이 없다"라는 치프리아누스의 말을 글자 그대로 받아들이고자 한다면, "교회 바깥에는 성령이 없다"라는 그의 주장도 함께 받아들여야 마땅하다. 그러나 성령은 "불고 싶은 대로 부시는 분"이다. 성령을 가톨릭 교회 울타리나 창백한 교의 속에만 가두어 둘 수는 없는 일이다.

당시 로마의 주교는 스테파누스 1세였다. 로마 교회는 '전통'만을 내세우면서, 이단자들이 가톨릭 교회에 돌아올 경우 다시 세례를 베풀 것이 아니라, 안수만 하여 받아들여야 한다고 주장했다. 결국, 카르타고의 주교 치프리아누스와 로마의 주교 스테파누스는 이 논쟁으로 서로 파문할 지경까지 이르렀으나, 때마침 로마제국을 휩쓴 박해로 말미암아 스테파누스(257)와 치프리아누스(258)는 차례로 순교하게 되었다.

불행하게도, 미처 마무리되지 않았던 이 논쟁은 휴화산처럼 부글거리다, 그로부터 50여 년 후에 도나투스 열교로 다시금 폭발하여 오래도록 교회에 크나큰 상처를 남겼다. 도나투스주의자들은 교회와 성사에 관한 치프리아누스의 그릇된 가르침을 그대로 받아들여, "죄인들이 베푼 세례는 무효하다"고 주장하기에 이른 것이다. 결국, 치프리아누스 스스로는 원하지 않았지만, 결과적으로 도나투스 열교에게 신학 이론을 제공하여 교회 분열을 도와준 꼴이 되었다.

성사, 하느님의 것

아우구스티누스는 이단자들도 성부와 성자와 성령의 이름으로 세례를 베풀었다면, 그 세례는 유효하다고 주장했다. 왜냐하면 성사의 주인은 인간이 아니라 하느님이시기 때문이라는 것이다. 아우구스티누스에 따르면, "베드로가 세례를 베풀어도 그리스도께서 베푸시는 것이고, 유다가 세례를 베풀어도 그리스도께서 베푸시는 것이다".[55] 이 가르침은 오늘날까지 우리 교회의 공식 입장이다.

사랑이 교회 안에 머물게 한다

아우구스티누스에 따르면, 교회 바깥에 있는 듯이 보이지만 사실은 교회 안에 있는 사람들이 있고, 교회 안에 있는 듯이 보이지만 사실은 교회 바깥에 있는 사람들이 있다. 누가 참으로 교회 안에 있고 누가 참으로 교회 바깥에 있는지, 누가 참으로 밀이고 누가 참으로 가라지인지, 누가 참으로 양이고 누가 참으로 염소인지는 오로지 하느님만이 아신다. 교회는 모름지기, 이중 구조를 지니고 있는데, 세례를 통하여 '지상교회'(보이는 교회)에는 소속되지만, 세례를 받았다고 해서 누구나 '천상교회'(보이지 않는 교회)에도 속하게 되는 것은 아니다. 세례가 아니라, 사랑만이 참으로 우리를 교회 '안'에 있게 한다.

치프리아누스에 따르면, 가톨릭 세례를 받기만 하면 누구나 자동적으로 교회 '안'에 있을 수 있었다. 그러나 아우구스티누스에 따르면, 교회의 '안'과 '바깥'을 구별할 수 있는 분은 오직 하느님뿐이며, 우리가 사랑할 때 참으로 교회 '안'에 머물게 된다. 이렇게 위대한 아우구스티누스는 치프리아누스의 한계와 오류를 훨씬 뛰어넘었지만, 아직도 우리 교회에서는 치프리아누스의 목소리가 더 크게 들릴 때가 많다.

---

[55] 아우구스티누스 『요한 복음 주석』 6,7.

3. 밀레비스의 옵타투스

최원오

가톨릭 교회는 제2차 바티칸 공의회(1962~1965)를 통해 동방교회, 개신교, 성공회를 한 형제라고 고백하며 교회일치 운동에 힘찬 시동을 걸었다. 그렇다면 교부 시대에도 교회일치 운동이 있었을까? 물론 있었다. 당시도 이미 '갈려 나간 형제들'(裂敎, schisma)이 있었고, 잃어버린 교회일치와 친교를 회복하려던 교부들의 땀방울이 교부 문헌 곳곳에 배어 있다. 그러나 동서방 교회를 통틀어 교회일치 운동에 가장 열성적이었던 교부는 밀레비스의 주교 옵타투스(†384 이후)였다. 옵타투스가 북아프리카의 소도시 밀레비스의 주교였다는 사실 말고는 그 생애에 관하여 알려진 바가 거의 없다. 그러나 옵타투스의 작품 『도나투스 열교』*De schismate Donatistarum*를 읽노라면, 그분이 지녔던 평화의 정신과 고매한 인품이 넉넉히 느껴진다.

치프리아누스, 일치의 걸림돌

옵타투스가 주교로 일하던 북아프리카 교회에서 가장 큰

영향을 끼치고 있던 인물은, 이미 100여 년 전에 순교한 치프리아누스(†258)였다. 수많은 신자들이 떼를 지어 이 존경스런 순교자의 무덤을 방문했을 뿐 아니라, 치프리아누스가 남긴 작품들은 교회 안에서 마치 '성서'처럼 읽히고 있었다. 그 결과, 치프리아누스의 배타적이고 독선적인 성사론과 교회론마저 갖가지 신학적인 오류와 한계에도 불구하고 큰 권위를 지니게 되었다. 이제 그 누구도 쉽사리 치프리아누스의 신학에 '아니오'라고 말하기 어려운 상황이 된 것이다. 게다가 도나투스 열교가 치프리아누스의 신학과 권위를 등에 업고서 교회 안에서 심각한 분열을 일으키고 있었지만, 마땅히 대응할 길이 없는 딱한 형편이었다.

도나투스 열교의 탄생

312년경, 카르타고의 주교가 세상을 떠나자, 그곳 부제였던 케킬리아누스는 이웃 주교들의 동의 없이 몇몇 측근 주교들만 참석한 가운데 서둘러서 주교품을 받았다. 그러나 주교 선출을 위해 뒤늦게 카르타고에 도착한 누미디아 지방의 주교들은 케킬리아누스의 주교품이 무효라고 선언했다. 왜냐하면 케킬리아누스의 주교 서품식을 공동 집전한 세 명의 주교 가운데, 한 명 ― 펠릭스 ― 이 배교자였다는 것이다. 그들은 '죄인들이 베푼 성사는 무효다'라고 주장했다. 그러나 콘스탄티누스 황제는 케킬리아누스의 편을 들어 그의 서품이 유효하다고 인정해 주었다. 그때부터 그들은 가톨릭 교회를 '배교자들의 교회', '죄인들의 교회'라고 비난하면서, 자신들의 교회야말로 '순교자들의 교회', '거룩한 사람들의 교회'라고 내세웠다. 이렇게 두 동강 난 교회는 100년 가까이(411년까지)

원수처럼 서로 으르렁거리며 지냈다. 우리는 이들을 가리켜 '도나투스 열교裂敎'라고 부른다. 그 까닭은 이 분열을 주도한 핵심 인물의 이름이 도나투스였기 때문이다.

평화와 일치 운동의 선구자

가톨릭 교회와 도나투스 열교는 서로 증오하고 미워했다. 그러나 가톨릭 주교였던 옵타투스는 도나투스파를 '형제들'이라 부르면서 화해와 일치로 초대한다. 옵타투스에 따르면, 가톨릭 교회와 도나투스 열교는 서로 끊을 수 없는 '거룩한 형제애의 사슬'에 묶여 있다. 도나투스 교회도 가톨릭 교회와 같은 성사, 같은 성서를 지니고 있으며, 같은 신앙을 고백하며, 같이 기도한다. 도나투스파가 믿는 하느님과 가톨릭 교회가 믿는 하느님은 같은 분이시며, 모두들 같은 어머니 교회에서 태어난 형제들이다. 단지, '사랑'이 부족해서 지금은 갈라져 있지만, 다시 하나 될 수 있도록 서로를 위하여 기도하자고 제의하는 옵타투스는, 교부 시대에 드물게 만나게 되는 교회일치 운동의 선구자다.

성사의 주인은 하느님, 인간은 도구

도나투스파는 거룩한 사제만이 성사를 유효하게 집전할 수 있다고 주장했다. 그러나 옵타투스는 성사의 유효성이 집전자의 거룩함에 달려 있는 것이 아니라, 오직 하느님의 거룩함으로 말미암은 것이라고 보았다. 하느님이 성사의 주인이시며, 인간은 도구에 지나지 않는다. 성사를 베푸시는 분은 인간이 아니라 하느님이시다. 그러므로 성사는 성사 집전자가 거룩하냐 거룩하지 않느냐에 상관없이 유효하게 베풀어질 수 있는 것이다. 이 가르침은 가톨릭 교회 성사론의 소중한 초석이 되었다.

거룩하고 죄스런 교회

도나투스파는 거룩하고 의로운 사람들만 교회 안에 머물 수 있다고 주장했다. 그러나 옵타투스에 따르면, 교회가 거룩한 것은 교회를 사랑하시는 하느님께서 거룩하시기 때문이지, 교회의 구성원이 거룩하기 때문에 교회가 거룩한 것은 아니다. 거룩한 교회는 그 품 안에 죄인들도 품고 있다. 마치 밭에 밀과 가라지가 뒤섞여 있듯이 교회 안에는 거룩한 사람과 죄인이 뒤섞여 있다(마태 13,24-30 참조). 교회라는 밭에서 가라지, 곧 죄인을 솎아 낼 수 있는 권한은 오로지 하느님께 있다. 따라서 불완전한 우리는 서로 사랑으로 참아 주고 견디어 내며 이 세상의 완성을 향하여 나아갈 수밖에 없다.

옵타투스의 이 가르침은 아우구스티누스 신학의 핵심이 되었다. 서른셋에 세례를 받고 서른일곱에 늦깎이 신부가 된 아우구스티누스는 옵타투스가 깔아 놓은 성사론과 교회론의 기초 위에서 자신의 신학을 활짝 꽃피웠다. 그리하여 아우구스티누스는 옵타투스를 일컬어 '공경해 마지않는 가톨릭 주교'라고 칭송하며 깊은 존경과 사랑을 표시했다.

아름다운 주교 옵타투스

2003년 서울대교구 시노드에서 참관인 자격으로 발언한 정철범 대주교(대한성공회 관구장)의 고마운 쓴소리는 오늘의 한국 가톨릭 교회가 가슴을 찢으며 새겨들어야 할 말씀이다. "한국 가톨릭은 열린 자세가 아닌 유아독존하는 자세로 역반

응을 일으키고 있습니다. 가톨릭이 아니라고 배척하지 말고 연대하고 양보해서 하느님의 선을 이룹시다. 아직도 한국에서는 가톨릭과 개신교가 서로 이단시하는 경향이 많은데, 매우 슬픈 일입니다. 가톨릭이 솔선해 주었으면 합니다"(요약). 아름다운 주교 옵타투스의 열린 마음과 평화의 정신이 더욱 그리워진다.

VIII

제국교회의 탄생

1. 콘스탄티누스 대전환

장인산

'콘스탄티누스 대전환'이란 콘스탄티누스 대제가 그리스도교로 개종함으로써 교회의 전반적인 변화가 이루어졌기 때문에 붙여진 용어다. 그것은 최대 규모의 세계사적인 사건으로서, 로마 국가를 위해서만이 아니라 교회를 위해서도 완전히 새로운 시대를 열었다.

생애

콘스탄티누스는 285년경 지금의 세르비아의 니쉬에서 콘스탄티우스 클로루스와 성녀 헬레나 사이의 아들로 태어나, 어린 시절을 니코메디아에 있는 황제의 대궐에서 보냈다. 당시 황제 디오클레티아누스는 제국이 워낙 광대했기 때문에 로마제국의 통치를 네 사람의 후임자에게 맡기기로 하고, 자신의 퇴위식(305.5.1) 석상에서 교회를 몹시 박해한 갈레리우스를 제1 정제正帝로, 콘스탄티누스를 제2 정제로 승격시켰고, 그리고 갈레리우스의 측근 부하였던 막시미누스 다이아와 세베루스를 부제副帝로 임명했다. 이는 콘스탄티누스의 기대와는 다른 조치였다.

이에 불만을 품은 콘스탄티누스는 니코메디아를 떠나 갈리아에 있는 아버지에게로 갔고, 그곳에서 부친이 사망하자 브리타니아의 군대에 의해 황제로 선포되었다. 그는 수년 동안 여러 음모를 물리치면서 정치적인 재치와 군사력으로 서방에서 자신의 위치를 유지할 수 있었다. 드디어 312년에 갈레리우스가 사망하자, 콘스탄티누스는 군대를 이끌고 로마로 진격하게 되었다. 그때 로마 근교 밀비오 다리에서 군사적으로 훨씬 우세한 적과 마주쳤다. 이때 그는 결전을 앞두고 하느님께 기도했는데, 꿈속에서 하늘에 십자가가 나타나고 "너는 이 표시로 승리하리라"(Hoc signo vinceris)는 환시를 받았다. 그래서 그는 자기 군인들의 방패에 십자 표시를 그려 넣게 한 다음 전투를 했다. 결국 그는 312년 10월 28일 막센티우스의 군대를 누르고 빛나는 승리를 거두었다. 그는 이 승리를 그리스도의 힘과 그리스도교가 우월하다는 증거로 생각하여 그리스도인들에게 호의적인 정치를 펴기로 결심했고, 마침내 그리스도교에 귀의했다. 로마의 콜로세움 바로 옆에는 콘스탄티누스의 아름다운 개선문이 있는데, 거기에 이 역사적인 사실이 부조되어 있다. 그는 다음 해인 313년 밀라노에서 그리스도교에 대한 박해를 금하는 칙령을 발표했다.

'밀라노 칙령'과 교회 발전

300년 동안 박해를 받아 오던 그리스도교는 콘스탄티누스 황제의 '밀라노 칙령'으로 종교의 자유를 얻게 되었다. 이 칙령은 단순히 교회가 더 이상 박해를 받지 않게 되었다는 차원을 넘어, 인정받은 교회로서 그리고 로마제국의 국교(392)가 되면서 여러 방면에서 놀라운 발전을 하게 되는 획기적인 전환점이 되었다.

박해받던 교회에서 종교의 자유를 얻었고, 나아가 제국의 인정과 보호를 받는 교회로 변화된 이 시대는 수많은 대중이 그리스도교로 입교함으로써 교회가 양적으로 팽창했을 뿐 아니라 신학적으로도 눈부신 발전을 이룩했다. 그 결과, 수많은 교부들을 배출하기도 했다. 교부학에서 중요하게 거론되는 교부들이 대부분 이 시대에 속한다. 4~5세기에는 교부들의 황금시대를 맞이하게 되었다. 콘스탄티누스 전환 이후, 처음으로 전 로마제국의 주교들이 교회의 전반적인 문제를 토의하기 위하여 모였고, 콘스탄티누스의 사회로 제1차 니케아 공의회(325)가 아리우스주의의 이단 그리고 멜리티우스와 도나투스의 이교를 해결하기 위하여 열렸다. 신학자들이 자유로운 분위기에서 성서를 연구하고 다양한 신학 사상을 개진하는 가운데, 특히 성삼론이나 그리스도론같이 미묘하고 어려운 문제에서는 이단 사상이 나오기도 했다. 이러한 이단과의 논쟁을 통해 신학이 발전되었으며, 여러 공의회를 거쳐 정통 교리가 확정·공포되었다.

324년, 리키니우스에게 승리를 거둠으로써 동서방 제국의 유일한 최고 황제가 된 콘스탄티누스는 제국의 일치를 튼튼히 다지기 위해서 새 도시를 세웠다. 그는 자신의 이름을 본떠 그 도시를 '콘스탄티노플'이라고 명명했다. 그리고 "그리스도교 신앙을 만방에 전하기 위해서" 힘을 쏟았다.[56]

---

[56] 에우세비우스 『콘스탄티누스의 생애』 2,56.

한편, 이 시대에는 교회에 부정적인 요소들도 나타나기 시작했다. 황제가 베풀어 준 보호와 특권 그리고 혜택은 교회를 로마제국의 권력과 묶어 줌으로써 제국과 한통속이 되게 했다. 그리스도교가 누리게 된 영광과 특권을 메시아적 승리의 관점에서 이해하는가 하면, 교회가 국가권력과 너무 밀착되어 부귀와 권력을 누리면서 세속화되는 경우도 있었다. 또한 황제가 교회 내부의 일에 개입하는 폐단도 생겨났다. 그리고 많은 대중이 입교함으로써 세례 준비와 입교 절차가 완화되면서 신자들의 신앙의 질은 떨어질 수밖에 없었다. 이러한 현상에 대응하여 교회의 복음화와 내적 쇄신 그리고 신앙의 심화를 위해 수도 생활 운동이 도처에서 일어났다. 수도자들은 교회의 타락과 세속화를 막아 주는 소금 역할을 했을 뿐 아니라 박해 시대의 순교 영성을 대신하여 교회를 강화시키고 쇄신하는 힘이 되어 주었다. 사실 당시의 유명한 교부들 중에는 바실리우스, 나지안주스의 그레고리우스, 아우구스티누스 등 수도승 출신 주교들이 많았다.

히에로니무스와 루피누스

한편, 서로마제국에 자리 잡고 있던 서방교회에서는 라틴어를, 동로마제국에 자리해 있던 동방교회는 그리스어를 통용어로 사용하고 있었기 때문에 동서방 교회의 신학적 교류는 쉽지 않았다. 그래서 서방교회의 라틴 저술가들은 동방교회의 많은 그리스 저술가들의 그리스어 문헌들을 라틴어로 번역했는데, 그 대표적인 인물이 히에로니무스와 루피누스다. 그들은 동방교회의 신학을 서방에 소개하는 데 크게 공헌했을 뿐 아니라, 그들이 번역한 문헌들 중에는 후에 그리스어

원문이 상실되고 라틴어 번역만 남아 있는 경우들이 많다. 귀중한 역사적 문헌들을 후대에 전해 주는 역할을 했다는 점에서도 그들의 공로를 높이 평가해야 한다.

2. 카이사레아의 에우세비우스

하성수

팔레스티나의 수도 카이사레아

　카이사레아는 아우구스투스 카이사르의 이름을 본떠 불렸으며, 예루살렘이 451년 칼케돈 공의회에서 명예 총대주교좌로 승격될 때까지 팔레스티나 지방의 수도이자 수석 주교좌였다. 3~4세기에 카이사레아에는 상당한 규모의 도서관이 있었다. 하르낙이 중세와 그 이후 도서관의 모태로 여긴 이 도서관은 오리게네스가 알렉산드리아에서 가져오고, 계속 책을 모아들이면서 그 토대를 마련했다. 그가 죽은 뒤에는 팜필루스가 뒤를 이어 에우세비우스와 함께 그때까지 나온 그리스도교 서적을 수집했다. 두 사람은 도서관에 소장된 삼만 여 두루마리의 목록을 작성하고 아직 출간되지 않은 오리게네스 작품을 출판했다. 이 도서관은 필경사 학교로도 상당한 명성을 누렸다. 콘스탄티누스 황제는 오리게네스의 『헥사플라』 *Hexapla*(육중역본 구약성서)를 필사한 성서 50권을 카이사레아에 주문했으며, 히에로니무스는 당시의 많은 공동체가 팜필루스와 에우세비우스가 발행한 구약성서 비판본을 사용했다고 전한다. 그 밖의 도서관의 운명에 관해서는 알려진 바가 없다. 아마도 도서관은 아랍인의 침입으로 파괴된 것 같다.

생애

에우세비우스는 260~264년 사이에 태어났으며, 스승 팜필루스를 주인이라는 말로 부르는 것을 보건대, 그가 노예였는지 아니면 팜필루스와의 사제 관계를 이런 개념으로 표현했는지는 확실하지 않다. 여하튼, 그는 팜필루스 장로의 협력자로서 오리게네스가 카이사레아에 세운 도서관을 발전시키고 성서를 연구하는 데 헌신했다. 303년, 디오클레티아누스 황제의 박해가 일어난 뒤 에우세비우스는 잠시 티루스와 이집트에 가 있었다. 그가 박해 때 배교했다는 후대에 제기된 비난은, 그가 박해가 끝난 뒤 카이사레아의 주교로 임명된 것을 보면 믿을 만한 내용이 못 된다.

에우세비우스는 그리스도교가 격변하는 매우 중요한 시기에 살았다. 당시 교회는 두 위기, 즉 301~313년의 박해와 아리우스 논쟁에 휩싸였다. 이 두 사건은 그의 생애와 저술 활동에 상당한 영향을 미친다. 에우세비우스는 그리스도의 신성을 부인한 아리우스를 한때 지지하여 안티오키아 교회회의에서 파문되지만 최초의 전 세계 공의회인 니케아 교회회의(325)에서 자신의 정통 신앙을 변론하여 복권된다. 그 후로는 아리우스의 주장을 지지하지 않는다. 에우세비우스는 성서와 신앙 전승에서 새로운 사건들을 비판적으로 본 독창적 신학자는 아니었지만 교회의 마지막 호교가 가운데 한 명이었으며, 더욱이 역사신학에서 새로운 시대를 전개한 개척자였다.

교회사의 아버지

에우세비우스의 명성은 무엇보다 '교회사의 아버지'라는 경칭을 부여하게 한 역사서에서 비롯한다. 그는 자기 스승 팜필루스에게 문헌학적·역사적 연구 방법을 물려받았다. 그가 쓴 『교회사』*Historia ecclesiastica*는 오늘날까지 초대교회에 관한 가장 중요한 문헌이다. 루카가 사도들의 행적을 기술하지 않았다면 원시 그리스도교의 모습을 거의 알 수 없듯이, 『교회사』가 없었다면 그리스도교 첫 3세기의 역사를 거의 알 수 없었을 것이다.

에우세비우스의 교회사는 신학적 동기를 바탕으로 서술되었다. 그는 역사를 신학적으로 해석하는데, 역사의 진행 과정을 구원사적 틀에서만이 아니라 실제적이고 역사적 사건에서도 하느님의 구원 계획이 드러난다고 보았다. 그는 이교가 붕괴되고 그리스도교가 신앙을 바탕으로 로마제국에서 놀라운 발전을 이룩한 것은 모두 하느님의 계획이며, 이러한 발전은 지금 거의 완성되어 가는 마무리 단계에 있다고 생각했다. 그는 자신의 신학적 기대를 이제 제국의 역사적 실재에 구체적으로 투영할 수 있었으며, 로마제국 특히 콘스탄티누스 황제에게서 그리스도교의 구원론이 정점에 이르렀다고 보았다. 이 때문에 그는 그리스도교에 우호적인 황제를 아무리 찬양해도 부족하다고 생각했다.

정치신학

에우세비우스의 정치신학은 『콘스탄티누스 찬가』*De laudibus Constantini*에서 집중적으로 드러난다. 여기서 그의 정치신학은 로고스와 황제, 하늘의 제국과 지상의 제국을 동일시하는 표상으로 전개된다. 통치권이 하느님에서 그리스도를 거쳐 황제에게 위임된다면, 그리스도가 황제 위에 있는 것으로 이해된다. 그러나 에우세비우스가 그리스도와 황제가 동등한 위치에 있다고 강조하거나 콘스탄티누스와 그의 아들들을 하느님-아버지와 그분 본질의 빛·로고스·왕과 비교했다면, 이는 황제를 하느님의 측근으로 여겼다는 뜻이 된다. 에우세비우스의 이러한 개념은 그리스도교적 황제 이념을 고대의 이교적 신-황제 이념으로 해석한 것이다. 이로써 황제는 지상에서 하느님의 대리자가 되었다. 교회와 국가의 점차적인 일치로 콘스탄티누스를 교회의 수석 대사제로 이해한 것은 에우세비우스에게 아무런 문제가 되지 않았다. 황제가 교회의 수장으로 공의회를 소집하고 논쟁을 조정하고 주교를 임명하고 추방하는 것은, 교회에 대한 간섭이 아니라 정당한 권리이자 더 나아가 의무였다.

에우세비우스가 카이사레아에서 많은 그리스도인이 순교한 것도 지켜보고, 그 뒤 그리스도교가 공인받는 것도 목격한 과도기에 산 인물이라 하더라도, 그의 정치신학은 현존하는 상황을 합법화하고 이를 하느님의 뜻으로 감추었다. 따라서 로마제국과 하느님 나라를 거의 동일시하는 위험에 빠졌으며, 콘스탄티누스의 황제권을 신학적 논증으로 정당화했다.

또한 에우세비우스는 고대의 그리스-로마 역사가들과 전혀 달리, 『콘스탄티누스의 생애』*Vita Constantini*에서 황제를 종교적 관점에서 새로운 모세 또는 아론으로 묘사하면서 콘스탄티누스의 부정적인 면은 전혀 언급하지 않았다. 이러한 에우세비우스의 생각은 후대의 일부 신학자에게도 영향을 미쳐, 세상을 향한 교회 본디의 의미를 변질시켰다. 따라서 오늘날의 학자들은 에우세비우스를 '황제의 가발을 다듬는 황실 신학의 이발사', 황제가 바라는 대로 말하고 행동하며, 교회의 외적 자유를 위해 교회의 내적 자주성을 잃게 한 토대를 놓은 장본인이라고 혹평한다. 1054년, 가톨릭 교회와 그리스 정교회의 분열을 일으킨 첫 사건이나 그 연도를 제시하는 것은 쉽지 않다. 그러나 4세기 20~30년대부터 로마와 콘스탄티노플이 멀어지기 시작했다는 것은 확실하다. 여기에 황제와 제국에 관한 여러 해석이 적지 않은 기여를 했을 것이고, 콘스탄티노플 건설로 제국의 구심점이 동방으로 이동한 것도 상당한 영향을 미쳤을 것이다.

3. 아리우스 이단과 니케아 공의회

이연학

아리우스 논쟁의 발단

한번은 예수께서 "나와 아버지는 하나입니다"(요한 10,30)라는 '간 큰 소리'를 하시다가 유대인들에게 돌을 맞는 봉변을 당하실 뻔했다고 성서는 기록하고 있다. 이유인즉, 감히 '사람이면서 하느님으로 자처'했기 때문이라는 것이다(요한 10,30 이하 참조). 아리우스(260~336)를 진원震源으로 4세기 전체를 뒤흔든 거대한 교리 논쟁의 발단은 사실 예수님을 과연 '하느님과 하나'라고 알아들을 것인가, 또 만일 그렇다면 어떻게 하나라고 알아들을 것인가 하는 데 있었다.

아리우스 주장의 핵심

이제 아리우스는 이른바 '오리게네스 좌파'로서, 오리게네스(†254)의 사상에 내포된 종속설 ― 신성에 있어서 성자는 성부보다 하위에 종속되어 있다고 보는 견해 ― 경향을 급진적으로 전개해 나간다. 그는, 하느님은 태어남도 시작도 없이 존재하는 유일한 분이시라는 전제에서 출발하여, 성자는 탁월하기는 해도 피조물 중 하나지 결코 하느님과 같지는 않다는 주장에 도달한다. 따라서 그리스도께 '하느님의 아들'이란 호칭을 쓰는 것도 성부와 성자가 동일한 존재나 지위를 공유한다는 뜻으로가 아니라 단지 은유로서, 그분을 공경하기 위한 일종의 문학적 수사修辭로 알아들어야 한다는 것이다. 요컨대, 구세주는 하느님이 아니고 피조물이라는 것이다. "성자가 존재하지 않은 때가 있었다"는 아리우스 신학의 핵심 상투어가 여기서 나온다. 당시 알렉산드리아의 주교 알렉산더 — 그는 흔히 '오리게네스 우파'로 분류된다 — 가 아리우스를 단죄함으로써 시작된 분쟁이 전체 교회의 분열을 초래하기에 이르자, 일찍이 그리스도교를 통해 제국의 결속을 공고히 하려는 꿈을 다지던 황제 콘스탄티누스는 교회사 최초의 보편 공의회를 소집하게 되니, 이것이 325년 니케아에서 열린 '니케아 공의회'다.

니케아 공의회의 논박

니케아 공의회는 결정 사항을 통해 — 니케아 신경 — 성자는 "성부로부터, 곧 성부의 본질로부터 나신 외아들"로서, "하느님에게서 나신 하느님, 빛에서 나신 빛, 참 하느님에게서 나신 참 하느님"이시며, "창조되지 않고 나시어 성부와 같은 본질이시다"라고 고백함으로써 아리우스의 교설을 조목조목 반박했다. 그러나 이때는 아직 훗날 '본질'이란 뜻으로 굳어진 우시아*ousia*란 말마디와 '위격'을 뜻하는 히포스타시스 *hypostasis*란 말마디가 혼용되던 시절이어서, '같은 본질'*homoousia*이란 말은 자칫 '같은 위격'이란 뜻으로 오용될 소지가 많았다. 이런저런 이유로, 아리우스 이단은 니케아 공의회로써 종식되기는커녕, 향후 적어도 50년간 그리스도교 세계를 뜨거운 논쟁으로 달구게 된다. 그러는 동안 카파도키아의 위대한 세 교부 — 대 바실리우스, 나지안주스의 그레고리우스, 니사의 그레고리우스 — 등 뛰어난 신학자들의 도움에 힘입어 용어와 개념이 명확히 정립되고, 마침내 381년 콘스탄티노플에서 열린 제2차 보편 공의회에서 그리스도의 신성과 함께 성령의 신성까지도 명확히 확인함으로써 비로소 아리우스 논쟁에 종지부를 찍게 되었다.

평가

이제 아리우스 신학의 속내를 좀 더 들여다보면서 그것이 지닌 결코 간단하지 않은 의미들을 잠시나마 살펴보고자 한다. 우선, 아리우스가 일견 하느님의 절대 유일성을 강조하여 그리스도교를 다신론의 위험으로부터 구한 것처럼 보일 수 있지만, 그렇게 함으로써 신약의 새로움을 모조리 제거해 버리고 사실상 구약의 신관, 곧 단순한 유대이즘으로 회귀한 것에 지나지 않음을 지적해야 한다. 그리고 그 결과, 후에 아타나시우스가 밝혀 주었거니와, 결국은 구원론의 수준에서 심각한 문제를 낳는다. 곧, 신성을 지니지 못한 구원자, 사람과 똑같기만 한 구원자가 어떻게 사람을 구원할 수 있는가 하는 것이다. 결국 구원에 있어서 위로부터의 은총은 그 의미를 상실하게 되고, 예수 그리스도는 단지 수덕적 노력으로 모방해야 할 대상이나 모범으로 축소되고 만다. 아타나시우스의 베스트셀러인 『안토니우스의 생애』 Vita Antonii가 아리우스의 그리스도론에 논리적으로 뒤따르는 '수덕신학'에 대항하여 저술된 것이라는 몇몇 학자들의 지적은 이 점에서 대단히 적절하다.

그뿐 아니라 연구자들에 따르면, 아리우스의 강박적 유일신론과 더할 나위 없이 논리적이고 명쾌한 사상 전개의 배경에는 헬레니즘 철학 — 신플라톤 철학 — 의 신관이 깔려 있다. 아리우스 오류의 간과할 수 없는 측면 중 하나는, 철학적 도식의 기준으로 '신비'를 마구 재단하려는 데 있었던 것이다. 더욱이, 아리우스의 교설은 당대의 단순한 수도승들뿐 아니라 지성인들과 제국의 정치 이데올로기 제공자들에게도 대단한 유혹이었을 것이다. 사실 삼위일체니 뭐니 알아들을 수도 없는 소리는 접고, 하늘에 오직 한 분의 하느님만 있다는 것만 명확히 하게 된다면, 지상에서 그 유일한 대리자인 황제의 권한도 얼마나 잘 강조할 수 있었겠는가! 그리하여 은밀하게 작동되는 이 '관변신학'官邊神學의 힘으로 제국을 얼마나 효과적으로 조직하고 통치할 수 있었겠는가. 바로 이 지점에서 우리는 아타나시우스의 목숨 건 투쟁이 단지 교의 논쟁의 수준에만 그치지 않았음을 더 잘 깨닫게 된다.

아리우스 논쟁이 381년 콘스탄티노플 공의회로써 끝나고 말았다고 믿는 이는 지나치게 순진하다. 어떤 의미에서 이것은 어느 시대나 계속 진행하는 논쟁이기 때문이다. 특히, 상이한 종교 전통과 체험들이 본격적으로 서로 만나고 있는 우리 시대에, 이 문제야말로 '뜨거운 감자'와도 같은 가장 민감한 현안이 되어 있음을 누가 부인할 수 있으랴.

"그러면 그대들은 나를 누구라고 하겠습니까?"(루카 9,20). 이 질문에, 어떤 신학자들은 이렇게 생각하더라고, 어떤 신비가는 저렇게 받아들이더라고, 심지어 교회에서는 이러저러하게 가르치더라고 대답하는 것만으로는 부족하다. 그분은 제자로 자처하는 우리가 저마다 그분과의 살아 있는 관계 속에서 직접 내놓는 한마디를 기다리신다(마태 16,15 참조). 과연 나에게 그분은 누구이신가? 그분의 진면목을 묻는 이 질문에 내 본래 면목도 달렸다(1요한 3,2 참조).

4. 아타나시우스

노성기

생애와 업적

알렉산드리아의 총대주교인 아타나시우스(295?~373)는 4세기에 알렉산드리아가 낳은 가장 위대한 신학자이자 평생을 아리우스 이단과 싸우면서 온몸으로 니케아 신경을 지켜 낸 교부로, 수도원 운동을 동서방 교회에 전파시키는 데 결정적인 역할을 했다. 그의 축일은 5월 2일이다.

3세기, 이집트의 나일 강 주변 사막에는 수많은 은수자들이 살고 있었다. 어린 시절에 봤던 순교자들의 용맹스런 순교 행위에 감동을 받은 아타나시우스는 청년 시절에 수도 생활에 대한 깊은 열망을 가졌다. 수도승들의 친구요 후원자였던 그는 사막으로 가서 안토니우스(251?~356년경) 성인을 직접 만났다. 또한 유배 시기에는 이집트 수도승들과 함께 지냈다. 이런 경험을 토대로 아타나시우스는 '은수자들의 아버지'며 '수도 생활의 창시자'인 안토니우스 성인에 대한 책을 썼다. 그가 쓴 『안토니우스의 생애』*Vita Antonii*가 동서방 교회에 수도원 운동을 전파시키는 데 크게 기여했다.

아타나시우스는 이 작품에서 하느님께 모든 것을 봉헌한 수도승들의 삶을 소개하면서, 신자들에게 완덕에 이르는 길을 제시한다. 나지안주스의 그레고리우스는 이 작품을 "이야기를 통해 수도승의 규칙을 제시한 책"이라고 평가했다. 375년에 안티오키아의 에바그리우스가 이 책을 라틴어로 번역하여 서방교회에 알렸다. 오랜 세월 동안 수많은 수도승들과 그리스도인들이 『안토니우스의 생애』를 읽었다.

동정童貞 생활을 찬양한 아타나시우스는, 비록 수도승은 아니어도, 집에서도 동정 생활을 할 수 있다고 주장한다. 동정녀들은 그리스도께 자신을 봉헌한 그리스도의 신부로, 세상의 온갖 욕망을 끊고 침묵 속에서 성서를 읽고 시편을 바치며, 노동을 통해 자신을 성화시켜 나가는 '천사의 삶'을 사는 사람들이다.

아리우스 논쟁이 발생했을 때 아타나시우스는 부제였다. 그는 알렉산더 주교의 비서로서 알렉산더 주교와 함께 니케아 공의회(325)에 참석했다. 부제였기 때문에, 니케아 공의회에서 공적으로 발언은 못했지만 뒤에서 니케아 신경을 작성하여 정통 신앙을 수호하는 데 커다란 역할을 했다.

니케아 신앙의 수호자

알렉산더 주교는 죽기 전에 후임 주교로 아타나시우스를 내정했다. 그러나 멜리키아누스파 열교裂敎가 주교좌를 차지하려고 하자, 아타나시우스를 지지하던 사람들은 서둘러 아타나시우스에게 주교품을 주었다(328). 이것이 문제가 되어, 반대자들은 아타나시우스를 비합법적인 주교라고 비난한다.

아리우스에게 호의적이었던 콘스탄티누스 황제는 아타나시우스의 주교품을 인정하는 조건으로, 아리우스를 교구에 다시 받아들이라고 명령한다. 그러나 아타나시우스는 황제의 청을 거절한다. 그러자 반대자들은 아타나시우스가 타락했고, 반역죄를 지었으며, 멜리키아누스파의 주교 아르세니우스를 살해했고, 이집트에서 로마로 공급되는 밀을 아타나시우스가 중단시켰다고 고발한다. 그러자 콘스탄티누스 황제는 아타나시우스를 335년 11월 7일에 트리어로 추방한다(1차 유배). 아타나시우스는 다섯 차례나 유배되었으며, 주교직 46년 동안 20년을 유배지에서 보냈고, 일흔이 되던 해에 다섯 번째로 유배되었다(365~366).

교회 역사 가운데 가장 어려웠던 시기에, 온갖 시련과 압력에 굴복하지 않고 파란만장한 삶을 살면서, 아리우스주의를 반대하고 불굴의 투지와 믿음으로 니케아 신경을 지켜 낸 아타나시우스는 동서방 교회로부터 명실 공히 추앙받는 '4대 교부 가운데 한 사람'이다. 나지안주스의 그레고리우스는 그를 일컬어 '교회의 기둥', '참다운 하느님의 사람', '산 자들 가운데서 가장 위대한 청지기'라고 찬사를 아끼지 않았다. 황제들은 아타나시우스에게 '세상과 싸우는 아타나시우스'라는 별명을 주었다. 그는 그리스도의 인성과 신성을 강조하여 후대 그리스도론과 삼위일체론의 완전한 기틀을 마련했다.

아리우스주의와 벌인 논쟁

당시 아리우스 논쟁으로 이집트 교회는 심각한 위기에 처했다. 동로마 황제의 보호를 받던 아리우스주의자들은 니케아 신경을 반대하면서 아타나시우스를 끊임없이 괴롭혔다.

아리우스는 그리스 철학의 논리와 유일신 사상에 집착하여 그리스도를 잘못 이해했다. 아리우스에 따르면, 예수는 자유 의지를 올바로 사용하여 하느님의 은총으로 하느님이 되었지만 결코 하느님은 아니다. 왜냐하면 예수 안에는 신성이 없기 때문이다. 그리스도의 신성을 인정하면 하느님 유일신 사상이 훼손된다고 판단한 아리우스는 그리스도의 완전한 신성과 인성을 모두 부정했다. 그는 자신의 사상이 유일신 사상과 일치할 뿐 아니라 예수의 우월성도 인정하므로 가장 합리적인 생각이라고 주장했다. 그러나 그가 주장한 예수 그리스도는 완전한 인간도 아니고, 완전한 신도 아닌 반신반인半神半人에 불과하다.

아타나시우스는 성자의 천주성을 부인하는 아리우스 이단이 그리스도교의 구원 신비를 파괴시킨다고 경고하면서, 아리우스 이단에 대항하여 그리스도의 참된 육화와 신성을 강조했다. "우리가 하느님의 신성에 참여할 수 있도록, 말씀이 친히 사람이 되셨다."[57] "그분의 죽음으로 죽음의 세력이 사라졌으며 … 그분의 부활로 인간은 불사불멸을 되찾게 되었다."[58] 아타나시우스가 신자들의 구원을 위해 얼마나 노심초사했는지를 엿볼 수 있는 내용이다. "인간은 본성상 필멸必滅의 존재이나, 은총으로 불멸不滅의 존재가 되었다."[59] 그러나 인간이 하느님을 배반하고 악에 빠졌다. "인류는 멸망하고 있다. 하느님의 모상대로 창조된 이성적인 인간이 사라져 가고 있다. 하느님의 작품이 멸망해 가고 있다."[60]

---

[57] 아타나시우스 『말씀의 강생론』 54,3.
[58] 같은 책 9 참조. [59] 같은 책 4 참조.
[60] 같은 책 6.

3세기부터 알렉산드리아의 주교들은 매년 부활절을 맞이하여 부활절 축일 날짜를 공지하는 부활절 서한을 보냈다. 이 같은 전통에 따라, 아타나시우스도 부활절 서한을 보냈다. 그가 보낸 부활절 서한에서, 우리는 3세기에 그리스도 신자들은 성주간 6일 동안만 단식했으나 4세기 초에는 사순절 40일 동안 단식했다는 사실을 알 수 있다.

5. 푸아티에의 힐라리우스

최원오

동방 교부와 서방 교부의 특성

그리스도인들의 최고 관심사는 '구원'이다. 교부들에게도 구원은 공통된 관심사였지만, 동방 교부들과 서방 교부들은 서로 다른 특성을 지니고 있었다. 동방 교부들은 직관적이고 사변적이며 서정적이고 신비적이었던 반면, 서방 교부들은 법적이고 실용적이며 윤리적이고 명료했다. 그 결과, 동방 교부들은 "우리를 구원하시는 분은 누구인가?"(삼위일체론, 그리스도론)라는 문제에 많은 관심을 기울였고, 서방 교부들은 "무엇이 우리를 구원하는가"(교회론, 성사론)라는 문제에 주로 매달리게 되었다.

사실, 동방교회의 중심이던 알렉산드리아 — 이집트 — 에서 시작된 아리우스 이단은 '예수는 누구인가?'라는 물음과 직결되어 있다. 아리우스의 대답은 '예수는 초월적인 분이지만, 피조물에 지나지 않으며, 하느님과 본질이 다르다'는 것이었다. 예수가 피조물에 지나지 않는다면, 예수는 인간의 구원자라고 말할 수 없게 된 것이다. '구원하시는 분'이 문제가 되었고, 제국의 동쪽 전체가 이 논쟁의 소용돌이에 휘말리게 되었다. 결국, 콘스탄티누스 황제는 교회 최초의 보편 공의회를 니케아에 소집했고(니케아 공의회, 325), 알렉산드리아의 부제였던 아타나시우스가 맹활약하여, 성자는 성부와 '본질이 같다'(호모우시오스)는 결론을 이끌어 냈다.

그런데 아리우스 논쟁은 동방교회를 중심으로 이루어졌고, 서방교회에서는 심지어 니케아 공의회의 결론조차 제대로 이해하지 못한 채 오해만 쌓여 가고 있었다. 지리적으로 너무 멀리 떨어져 있기도 했거니와, 사고방식과 언어 — 동방은 그리스어, 서방은 라틴어 — 의 차이로 말미암은 것이었다. 그러나 서방교회 출신으로서 동방에서 일어나고 있던 삼위일체 논쟁의 핵심을 명쾌하게 정리해 낸 교부가 있었으니, 그가 바로 프랑스 출신 힐라리우스다.

동서방 교회의 다리 힐라리우스

힐라리우스(?~367)는 프랑스의 작은 도시 푸아티에에서 태어났다. 그는 살아 계신 하느님을 찾기 위하여 이 철학 저 철학을 기웃거렸다. 그러나 거기서는 참된 해답을 얻을 수 없었다. 그러던 중 성서를 얻게 된 그는 요한 복음서를 통해서 '사람이 되신 말씀'을 알아뵙게 되었다. 세례를 받고 늦깎이 그리스도인이 된 그는 350년에 푸아티에의 주교로 선출되었다. 교회는 동서방을 막론하고 삼위일체에 관한 논쟁으로 갈가리 찢어져 있었지만, 힐라리우스는 니케아 공의회라는 말조차 들어 본 적이 없었다. 그 무렵, 콘스탄티우스 황제는 정치적인 목적 때문에 니케아 정통 신앙보다는 아리우스주의자들에게 힘을 더 실어 주고 있었다. 황제는 자기가 원하는 대로 신학 논쟁의 결론을 이끌어 내기 위해서 니케아 정통 신앙파의 버팀목이었던 아타나시우스를 이집트 사막으로 유배 보냈다(밀라노 교회회의의 결정, 355).

힐라리우스도 이 결정에 반대하는 바람에 동방의 프리기아로 귀양살이를 떠났다(356~360). 그러나 4년 동안의 유배 생활은 힐라리우스에게 큰 도움이 되었다. 서방교회의 주교로서 동방교회에 머물면서, 동방교회에서 벌어지고 있던 신학 논쟁, 특히 아리우스 논쟁의 핵심을 꿰뚫어 보게 된 것이다. 비록 귀양살이하는 몸이었지만, 갈리아 지방의 주교들과 꾸준히 편지를 주고받으며 신학적인 조언을 아끼지 않았고, 동방교회에서 열린 크고 작은 교회회의에도 더러 참석하면서 동서방 신학의 균형을 잡아 나갔다. 힐라리우스의 과제는 동방교회와 서방교회를 조화시킬 수 있는 신학 정식을 만들어 내는 것이었다. 힐라리우스는 359년에 서방(리미니)과 동방(셀레우키아)에서 동시에 열린 교회회의를 통하여 신학적인 합의를 이끌어 내려고 부단히 노력했다. 그러나 콘스탄티우스 황제가 자기 주장을 일방적으로 밀어붙여, 성자는 성부와 '성서 말씀에 따라 비슷하다'(유사파)는 모호한 결론을 내리는 바람에, 힐라리우스의 꿈은 산산조각나 버렸다. 그 이듬해인 360년, '배교자'라는 별명을 지닌 율리아누스 황제의 종교 무차별 정책으로 말미암아 고향에 돌아온 힐라리우스는 식지 않는 열정으로 교회를 섬기다 367년경 세상을 떠났다. 힐라리우스의 대표작 『삼위일체론』*De Trinitate*은 훗날 아우구스티누스가 20년에 걸쳐 저술한 『삼위일체론』에 튼튼한 기초를 놓아 주었다.

온건한 평화주의자 힐라리우스

정통 신앙도 너무 극단적으로 몰고 나가면 이단이 된다. '성자는 성부와 본질이 같다'는 니케아 공의회의 결정을 너무 '순진하게' 받아들이면, 그저 '젓가락 두 짝이 똑같아요'라고만 앵무새처럼 노래하게 된다. 똑같은 하느님이 구약 시대에는 성부로, 강생하셔서는 성자로, 성령강림 때부터 성령으로 활동하신다는 주장(사벨리우스주의)이 그 대표적인 예다. 다른 한편, 아리우스주의자처럼 '성자는 성부와 다르다'는 것만을 지나치게 강조하면, 인간이 되어 내려오시는 하느님의 겸손한 사랑을 놓쳐 버리게 될 뿐 아니라, 성부와 성자와 성령께서 이루고 계시는 사랑의 일치를 소홀히 여기게 된다. 힐라리우스는 성부와 성자의 '같음'과 '다름'을 다음과 같이 조화롭게 설명하고 있다. "성부와 성자는 하나unus이지만, 홀로solus 계시지 않는다."[61]

사려 깊은 힐라리우스는 정통 신앙 안에 머물면서도, 니케아 공의회의 '교의'dogma만을 절대시하지는 않았다. 오히려, 성자는 성부와 '본질이 비슷하다'(호모이우시오스)라는 절충안을 제시함으로써, 소모적인 신학 논쟁으로 찢겨진 교회의 일치를 모색했다. 교의라는 말마디 자체를 불변의 진리처럼 떠받드는 자들을 두고 '교조주의자'敎條主義者라고 부른다. 그러나 교의는 자라나고 발전한다! 마치 어린아이의 몸이 어른의 몸으로 성장하는 것처럼, 교의도 그렇게 자라나고 발전하는 것이 레렝의 빈켄티우스 교부가 남긴 말씀이다.

---

[61] 힐라리우스『삼위일체론』8,36.

IX

카파도키아 교부

1. 대 바실리우스

이연학

생애

카파도키아는 오늘날 터키의 심장부에 자리 잡은 지역이었는데, 300년대 중후반 이곳에서 교회사에 길이 기억되는 걸출한 세 교부들이 동시에 활동했다. 대 바실리우스와 그 동생 니사의 그레고리우스 그리고 바실리우스의 벗 나지안주스의 그레고리우스가 그들이다. 330년경 부유하고 열심한 귀족 가문의 장남으로 태어난 바실리우스는, 고향 카이사레아에서 공부하며 나지안주스의 그레고리우스를 만나 평생지기의 우정을 맺게 된다. 뒤이어 콘스탄티노플과 아테네에서 당대 최고의 교육 과정을 마친 그는 카이사레아에 돌아와 수사학 교사로서 큰 성공을 거두었다. 명성에 취해 있던 그를 일깨워 준 사람은 누이 마크리나였다. 그리하여 세례를 받은 그는 수행자의 생활로 접어들어 이집트와 팔레스티나 그리고 메소포타미아의 사막을 전전하며 수도승들에게서 가르침을 받다가 고향 이리스 강변의 한적한 곳 안네시에 정착하게 된다(358).

벗 나지안주스의 그레고리우스와 함께 오리게네스의 작품들에서 여러 구절을 뽑아 모은 사화집詞華集 『필로칼리아』*Philocalia*를 편찬한 곳도 바로 여기다. 365년 사제로 서품된 후, 모든 그리스도인들의 생활 지침이 되는 80개 항목의 『도덕집』을 저술하는데, 이 작품은 신약성서에서 따온 구절들로 가득 차 있다. 370년까지 안네시에 머물며 수행자의 삶을 살던 그는 같은 해 카이사레아의 주교로 서임되었고, 379년 귀천할 때까지 수도승 신학자요 사목자로 살면서 생전에 이미 '대 바실리우스'란 칭호를 얻는 영예를 누렸다. 신학자며 사목자 그리고 수도승이라는 세 면모를 중심으로 이 큰 인물의 삶을 간략히 가늠해 보기로 한다.

삼위일체 신앙의 수호자

그는 일찍이 탁월한 신학자가 될 비범한 자질을 타고났지만 우선은 사목자였고, 짧은 생애 동안 신학 연구에 전념할 시간도 별로 없었다. 당시 교회는 발렌스 황제의 개입으로 온통 아리우스주의 논쟁에 휘말리게 되었다. 교회가 위기에 처하자, 그는 두 편의 뛰어난 교의신학 작품을 저술한다. 골수 아리우스주의자 에우노미우스를 논박한 『에우노미우스 반박』*Adversus Eunomium*과 신학사에 길이 남을 걸작 『성령론』*De Spiritu Sancto*이 그것이다. 『성령론』은 성령의 신성을 확언하는 데 그치지 않고, 성령께서 신앙과 전례 그리고 교회의 일상생활을 통해 어떻게 활동하시는지를 뛰어나게 묘사하고 있다. 아리우스주의에 동조하지 않으면 재산을 압류하고 유배를 보내겠다는 발렌스 황제의 위협에 그는 이렇게 대답했다. "가진 게 아무것도 없는 사람에게 재산 차압이 무슨 해가 되겠는

가. … 유배가 뭔지도 나는 모르니, 내가 어느 한 지역에 묶여 있지 않은 사람이기 때문이다. 사실 온 세상은 하느님께 속해 있고, 나는 바로 이 세상에 거하는 사람이다."[62]

사회 활동에 뛰어든 운동가

바실리우스는 저술과 실천이란 두 측면에서 교회의 사회 활동을 선구적으로 개척한 인물이다. 재정이 악화되자 제국은 식민지의 가난한 민중을 세금으로 억압했고, 고리대금업으로 나날이 황폐해 가고 있었다. 이런 상황에서 그는 모든 사람이 하느님 앞에서 본질적으로 평등하며, 모든 인격은 더할 나위 없이 고귀하고, 소수의 탐욕과 축재를 제한하기 위해 부는 재분배되어야 하며, 사회의 부정부패를 근절하여 백성의 비참한 현실에 종지부를 찍어야만 한다고 끊임없이 외쳤다. 그는 말로만 가르치는 데 그치지 않고 몸소 사회 활동에 뛰어들어 '바실리아데'라는 구빈 기관을 만들었다. 수도 공동체를 중심으로 양로원과 병원, 종사자들의 숙소 등을 두루 갖춘 이곳은 자립 경제를 이룩한 노동자 마을로, 정녕 '복음적 해방구'라 불릴 만했다. 나지안주스의 그레고리우스는 이곳을 '새로운 도시'라 불렀거니와, 과연 바실리우스는 복음의 내적 충동으로 움직인 최초의 사회 활동가 중 한 사람이었다.

수도 생활의 아버지

위대한 회심자들이 대개 그러하듯, 그 역시 회심하는 순간 수도승이 되었다. 후에 『바실리우스 규칙서』라 불리게 된 일

---

[62] 나지안주스의 그레고리우스 『신학적 연설』 43,49.

련의 수행修行 저술을 통해 교회의 대표적 수도 교부 중 한 사람이 된 그에게, 가장 중요한 것은 무엇보다 하느님 말씀이었다. 그의 『도덕집』*Moralia*과 『수덕집』*Asceticon*, 편지들을 읽노라면, 놀라우리만큼 참신한 복음적 감각에 늘 놀라게 된다. 신자 대중과 성직 계층의 신앙이 전반적으로 해이해지고, 수도승 운동은 극단적 엄격주의와 영적 엘리트주의로 치닫고 있던 시절이었다. 이 위태로운 상황의 원인이 바로 하느님 말씀에 대한 복종의 결핍에 있음을 꿰뚫어 본 것은 바실리우스만의 혜안이었다.

그리스도인의 모든 말과 행실은 성서에서 토대와 길잡이를 얻어야 한다는 것, 성서야말로 수도자들을 포함해 모든 신자들을 위한 유일한 '규칙'이라고 본 '성서중심주의'biblicismus는 바실리우스 사상의 가장 큰 특징이다. 이는 세례받은 신자들이면 성직자, 수도자, 평신도를 막론하고 모두 다 거룩하고 충만한 그리스도인의 삶을 살도록 유일한 부르심을 받았다는 확신으로 이어진다. 그러므로 독신獨身이라는 요소를 제외하면 수도자라고 해서 다른 신자들과 원천적으로 그 신분이 구분되지 않는다. 수도자들의 경우, '독신'이 형제 공동체 생활의 친교(코이노니아)를 가능하게 하는 근거가 되니, 독신과 코이노니아, 이 두 가지야말로 수도 생활의 두 기둥이다. 그의 삶과 저술은 오늘날 쇄신을 갈망하며 원천으로 돌아가고자 애쓰는 교회와 수도 공동체에 과거 그 어느 때보다도 큰 영감의 원천이 되어 있다.

2. 니사의 그레고리우스

하성수

가계

　교회사에서 니사의 그레고리우스 집안만큼 뛰어난 가문은 그리 많지 않다. 조부모가 고백자confessor인 데다, 할아버지는 순교자였다. 할머니 마크리나 1세는 오리게네스의 학생이자 네오카이사레아의 주교인 그 유명한 기적가 그레고리우스의 제자였다. 그레고리우스의 아버지는 폰투스 출신으로 네오카이사레아에서 수사학자로 활동했다. 그는 막내아들 페트루스가 태어난 뒤 얼마 안 되어 사망했다. 어머니 엠멜리아 역시 카파도키아의 부유한 가문 출신으로 동생이 주교였다. 그레고리우스에게는 모두 아홉 남매가 있었는데, 누이 마크리나(329년 이전 탄생)와, 형 바실리우스(329/330년경 탄생) 그리고 그레고리우스(335/340년경 탄생)가 셋째이며, 페트루스(340/345년경 탄생)가 막내다. 일찍 죽은 나우크라티우스 외에 네 명의 누이를 두었으며, 아마도 모두 결혼한 것 같다. 그 가운데서도 마크리나는 동생들을 도와 말없이 그들을 거룩한 길로 인도했고, 대 바실리우스, 그레고리우스, 페트루스는 그리스도론과 삼위일체론 교의에 영향을 미쳐 큰 업적을 남겼다. 아버지가 죽은 뒤 얼마 안 되어 그레고리우스의 가족은 네오카이사레아 근처에 있는 안네시의 농장으로 집을 옮겼다. 장녀 마크리나는 그곳에 수도 공동체를 조직했다. 이렇듯 할머니 노老 마크리나, 엠멜리아, 소小 마크리나, 대 바실리우스, 니사의 그레고리우스, 페트루스가 성인으로 공경받을 정도로, 그레고리우스는 훌륭한 가정환경 속에서 성장했다.

생애

그레고리우스의 생애에 관해서는 알려진 바가 그리 많지 않다. 그는 자신에 관한 자료를 전혀 남기지 않았으며, 동시대인들과 동시대의 기록들도 그를 드문드문 언급할 뿐이다. 바실리우스는 아테네에서 돌아온 뒤 잠시 카파도키아의 카이사레아에서 수사학 선생으로 활동했다. 그레고리우스는 자신이 '스승' 또는 '아버지'라고 부른 바실리우스에게서 수사학을 배웠다. 그는 처음에 교회의 독서자였다가, 한때 그리스도교 금욕적 이상을 벗어나려고도 했다. 나지안주스의 그레고리우스는 이를 두고 그를 나무라는 듯한 편지를 보냈다. 바실리우스와 나지안주스의 그레고리우스가 금욕적 이상에 자신의 삶을 바치려 할 때 오히려 그레고리우스는 세상으로 향했으며 수사학자가 되고자 했다. 특히, 율리아누스 황제 (361~363 재위)가 그리스도인들에게 이 직업을 금지한 뒤에 더 큰 매력을 준 것 같다. 이 시기에 그레고리우스는 같은 신분계층의 여인인 테오세베이아를 만나 결혼한 듯하다.

그는 집안의 경건한 분위기에 얼마간 반항적이었다. 그 일화로 그는, 안네시에서 멀지 않은 이보라에 세바스테이아 출신인 40명의 순교자에게 경의를 표하기 위해 세운 묘 축성에 오라는 어머니의 초대에 처음에는 응하려 하지 않았다. 결국, 가기는 했지만 너무 늦었다. 가족과 참석자들은 이미 정원에 나와 성유물함을 위해 밤기도를 바치고 있었고, 웅장한 시편 노래가 흘러나오고 있었다. 그러나 그는 차마 들어가지 못하고 이웃집에서 그날 밤을 보냈다. 그런데 꿈에 그는 놀라운 체험을 했다. 그가 정원에 막 들어서려 할 때 한 무리의 군인이 문을 막고 몽둥이로 그를 위협했다. 온유한 노인이 나타나 그들에게, 젊은이의 우유부단함을 용서하라고 간청하지 않았다면 아마도 그는 심하게 얻어맞았을 것이다. 꿈에서 깨어난 그는 자신이 꿈에서 본 것이 리키니우스 황제 치하 아르메니아의 산악 지대 호수에서 죽은 40명의 순교자들이었음을 깨달았다.

372년, 카파도키아 지방이 양분되자 바실리우스는 제1 카파도키아에 주교좌를 늘려 형제와 친구들을 주교로 임명했다. 이때 바실리우스는 그레고리우스를 카이사레아에서 안키라 쪽으로 국도에 자리한 니사의 주교로 임명했다. 바실리우스의 진술에 따르면, 그레고리우스는 천재였지만 어린애 같고 세상 물정에 어두웠다. 어쨌든, 그레고리우스는 주교 재임 동안 첫 7년은 직무를 수행하느라 꽤 어려움을 겪은 듯하다. 그 당시에 이미 '대'大라는 경칭이 붙은 바실리우스는 카파도키아 지방 수도인 카이사레아에서 주교직을 맡은 지 9년 만인 379년 새해에 죽었다. 그레고리우스는 그때까지만 해도 온실의 화초처럼 살았지만 그 뒤로는 소나무가 되었다. 그는 영향력 있는 교회 정치가, 실제적인 교의 문제를 해결한 신학자, 존경받는 연설가, 설교가, 성서 주석가로서 활발한 활동을 펼친다. 더욱이 바실리우스의 작품들도 더 높은 철학적 단계로 끌어올렸다.

그레고리우스와 마크리나

379년 가을, 40대에 들어선 그는 안티오키아의 멜레티우스가 소집한 교회회의에 참석하러 안티오키아로 갔다. 그곳에서 그는 한 친구를 만나 이런저런 이야기를 나누다가 화제가 마크리나에 이르게 되었는데, 그 친구는 그에게 마크리나에 관해 글을 쓰고 그녀를 잊어서는 안 된다고 조언한다. 그는 집으로 돌아왔을 때 마크리나가 위독하다는 소식을 접하고 372년부터 8년 동안이나 보지 못한 그녀를 방문했다. 마크리나가 죽기 바로 전에 그는 그녀와 나눈 대화를 바탕으로 『영혼과 부활』을 출판하고 그 뒤 그녀의 생애를 집필했다. 『마크리나의 생애』Vita Macrinae를 처음 영어로 번역한 학자는 이 소책자가 기원후 4세기가 아니라 기원전 4세기에 씌었다면, 고전 세계문학에 속했을 것이라며 이 작품을 높이 평가했다. 그레고리우스는 자신의 영적 스승인 마크리나를 늘 생각했다. 요한이라는 사람에게 쓴 편지에서 그는 마크리나를 추억하는 짧은 글을 적어 보냈다. "우리에게 누이는 우리 삶의 스승이자 어머니를 뒤이은 어머니였습니다. 그녀는 매우 솔직하게 하느님과 대화하기를 즐겼습니다. 그녀는 우리에게 힘을 솟게 하는 성곽이요, 하느님 마음에 드는 무기였으며, 벽으로 둘러싸인 성채와 같았습니다."[63]

---

[63] 니사의 그레고리우스 『편지』 19,6.

신비신학

그의 신비신학에서는 필리피서 3장 13절에 따라 '앞에 있는 것을 향해 내뻗음'이라는 표현이 중요하다. 그는 영혼의 영적 상승을 나타내는 이 개념을 노년의 작품인 『모세의 생애』*De vita Moysis*에서 예를 들어 가며 설명한다. 하느님 자신은 참된 덕이시며, 이해할 수 없고 끝없는 분이시다. 인간은 이 참된 덕을 사랑하고 열망해야 하며, 하느님 자체인 완전함에 이르기 위해 늘 이 목표에 전념해야 한다. 뱃사람이 가고자 하는 항구의 신호등에 뱃머리를 맞추듯 말이다. 성서에 나오는 성인들도 삶의 목표에 도움이 된다. 그레고리우스는 인간이 추구하는 완전한 삶에 관한 논고를 『모세의 생애』로 구체화한다.

3. 나지안주스의 그레고리우스

노성기

나지안주스의 그레고리우스(326?~390)는 고대 저술가 가운데 유일하게 '신학자'라는 존칭을 받았던 교부다. 326년경에 카파도키아 근처 나지안주스에서 태어난 그레고리우스는 여러 도시 — 카파도키아의 카이사레아, 팔레스티나의 카이사레아, 알렉산드리아, 아테네 — 에서 공부했다. 그는 유학 시절에 만난 카파도키아의 대 바실리우스와 평생 우정을 지켜 나갔다. 공부를 마치고 나지안주스로 돌아온 그레고리우스는 바실리우스의 영향을 받아 한동안 금욕적인 수도 생활을 했다(356년경).

사제직에 대한 두려움

그레고리우스는 361년 성탄절에 아버지의 권유에 못 이겨 강제로 사제품을 받는다. 그의 아버지는 나지안주스의 주교였다. 서품식이 끝나자, 그레고리우스는 집을 뛰쳐나갔다가 다음 해 부활절에 돌아왔다. 그는 자신은 아직 하느님께 드리는 찬미의 희생 제물이 될 수 없었기 때문에, 어쩔 수 없이 사제직으로부터 도망칠 수밖에 없었다고 고백한다. 당시 그의 고민을 들어 보자.

> 내 손을 깨끗이 씻는 거룩한 작업을 하기 전에 … 내 눈이 오직 창조주 하느님만을 경배하는 데 익숙해지기 전에, 내 귀가 천상 학교에서 들려오는 지혜의 말씀들에 귀 기울이며 듣는 데 익숙해지기 전에, 내 입이 오직 하느님의 신비만을 선포하는 데 익숙해지기 전에 … 내 혀가 천상의 아름다움을 노래하는 악기가 되기 전에 … 내가 감히 어떻게 그분께 영원한 희생 제사를 드릴 수 있으며, 사제라는 이름과 직분을 받을 수 있단 말입니까?[64]
>
> 우리를 위하여 자신을 끝까지 낮추신 겸손하신 그리스도를 참으로 깨닫지 못한 채, 누가 감히 사제직에 오를 수 있단 말입니까? … 그리스도와 참된 친교를 맺지 못한 채, 누가 감히 사제직에 오를 수 있단 말입니까?[65]

진정한 찬미의 제사를 드리기 위해선, 사제 자신이 먼저 거룩하고 합당한 살아 있는 제물이 되어야만 한다. 하지만 당시 아직 그런 준비가 되지 않았기 때문에, 그는 어쩔 수 없이 사제직을 회피할 수밖에 없었다. 사제는 영혼을 돌보는 '하느님의 사람'이면서 동시에 '교회의 종'이다. 예술 중의 예술이요, 학문 중의 학문인 사제직은 그 어떤 예술보다도 더 숭고하고, 육체를 치료해 주는 의학보다도 더 월등하다. 따라서

---

[64] 나지안주스의 그레고리우스 『도피의 변명』 = 『연설』 2,95.
[65] 나지안주스의 그레고리우스 『연설』 2,98.

"사제는 인간의 영혼들에 날개를 달아 주어 그들을 세상으로부터 보호하여 하느님께 인도하고, 그들의 영혼 안에 각인된 하느님의 모상이 있다면 그것을 보존해 주고, 또 그들이 위험에 처해 있다면 지켜 주고, 또 흠집이 났다면 치료해 주는 운명의 소유자다."[66]

이 같은 사제직을 완벽하게 수행하기 위해, 사제는 항상 솔선수범해야 한다. "남을 정화시키기 전에, 먼저 자신을 정화시키십시오. 남을 가르치기 전에, 먼저 지혜의 가르침을 배우십시오. 빛을 밝히기 전에, 먼저 빛이 되십시오. 남을 하느님께 인도하기 전에, 먼저 하느님께 가까워지십시오. 남을 성화시키기 전에, 먼저 자신을 성화시키십시오."[67] 그가 말하는 완벽한 사제상을 읽어 내려가다 보면, 우리는 그레고리우스가 왜 사제품을 받고 도망칠 수밖에 없었는지를 이해할 수 있을 것이다.

은수 생활에 대한 불타는 열망

대 바실리우스 주교가 그레고리우스를 사시마의 주교로 임명했지만(372), 그는 끝내 주교직을 수락하지 않고 나지안주스에서 아버지 — 주교 — 의 일을 도왔다. 아버지가 돌아가시자(374), 이제 더 이상 그를 사제직에 붙잡아 둘 사람이 없었다. 그러자 그는 사제직의 무거운 짐을 내려놓고 은수 생활로 되돌아가면서 노래했다. "성령의 바람에 나의 양 날개를 펼치리. 그분이 원하는 곳이 그 어디든지, 그분이 원하는 모습이 그 어떤 것이든지 간에 … 그 누구도 다른 길로 가도록

[66] 같은 책 2,22.
[67] 같은 책 2,71.

나를 재촉할 수 없으리."[68]

사실 그는 거룩한 고독 속에서 하느님만을 생각하는 은수 생활에 대한 갈망과 사제가 되어 도와 달라는 아버지의 권유 사이에서 갈등했다. 그는 아무도 없는 깊은 산속으로, 고독 속으로 들어가고 싶었다. 일체의 육체적인 것들을 피하여 오직 영적인 것에만 마음을 쏟아 모든 흠과 결점을 정화시켜 하느님을 닮고 가장 순결한 영적인 빛을 비추고 싶어 했다.

총대주교직의 사임

한편, 발렌스 황제가 죽자, 콘스탄티노플에 있던 소규모 니케아파 공동체가 그레고리우스를 찾아와 콘스탄티노플의 총대주교가 되어 달라고 청했다(379). 당시 콘스탄티노플에는 데모필루스 총대주교가 이끄는 아리우스파가 다수를 차지하고 있었기 때문에, 그레고리우스는 콘스탄티노플로 가서 신자 집에 머물며 교회의 평화를 위해 3년 가량 열심히 일했다. 테오도시우스 황제는 데모필루스에게 콘스탄티노플을 떠나라고 명령하고(380), 콘스탄티노플 공의회(381)에서 그레고리우스를 콘스탄티노플의 총대주교로 인정했다. 그레고리우스는 마음이 내키지 않았으나 교회의 평화를 위해 총대주교직을 수락했다.

그러나 데모필루스를 지지하던 아리우스파 주교들이 공의회에 늦게 도착하여, 그레고리우스가 사시마의 주교였기 때문에, 콘스탄티노플의 총대주교가 되는 것은 위법이라고 반대했다. 그러자 몇 주 후 그레고리우스는 교회의 평화를 위해

---

[68] 같은 책 10,4-5.

서, 공의회 도중에 신자들과 공의회 교부들 앞에서 유명한 「고별사」[69]를 남기고 콘스탄티노플의 총대주교직을 사임한다 (381). 요나가 풍랑을 멈추게 하기 위해서 자신의 몸을 바다에 던졌던 것처럼, 자신도 교회의 평화를 위해 총대주교직을 사임한다고 말한 것이다.

그레고리우스는 아리우스파에 맞서 교회를 수호하기 위해 콘스탄티노플에서 겪었던 어려움과 자신의 결백을 언급하면서, 그동안 콘스탄티노플에서 했던 일에 대한 상급으로 자신이 다시 은수 생활로 되돌아갈 수 있도록 보내 달라고 신자들에게 간청한다. 이제 더 이상 콘스탄티노플의 사목자가 아니지만, 그래도 영원히 자신의 신자로 남아 있을 교우들을 위해 기도하면서, 신앙의 유산을 지켜 나가라고 당부했다. 그의 고별사를 듣고서, 어떤 신자들은 하염없이 눈물을 흘렸고, 또 어떤 신자들은 부끄러워서 얼굴을 들지 못했다고 한다.

그레고리우스의 삶은 한마디로 은수 생활에 대한 강한 열망으로 가득 찬 삶이었다. 사목자로서 살기보다는 수도자로서 살고 싶어 했던 그는 사제직과 주교직을 스스로 사임하고 은수자의 삶을 살았던 교부였다.

---

[69] 같은 책 42.

X

전성기의 교부

1. 예루살렘의 치릴루스(키릴루스)

장인산

생애

예루살렘의 치릴루스(315~387)는 주교이며 교회학자로 널리 알려져 있는 동방교회 교부다. 315년경 예루살렘에서 출생한 치릴루스의 청소년기에 대한 자료는 남아 있지 않다. 분명한 것은 349년 막시무스의 뒤를 이어 예루살렘의 주교가 되었다는 사실이다. 그런데 카이사레아의 극단적 아리우스파 소속 아카키우스Acacius 주교로부터 주교품을 받았기 때문에, 이것이 화근이 되어 오랫동안 아리우스파 또는 반半아리우스파로 낙인찍히게 되었다. 그러나 이러한 오해는 후기 학자들의 증언과 치릴루스 자신의 저술과 생활로 해명되고 풀리게 되었다. 사실, 그는 아카키우스와는 그리스도론에 있어서 정반대 입장을 취했기 때문에, 세 번씩이나(357, 360, 367~378) 주교직에서 해임되고 유배되기도 했다. 357년에 있었던 유배는 359년 셀레우키아에서 개최된 주교회의에서 철회되어, 다시 예루살렘으로 돌아올 수 있었다.

세 번째 해임과 유배는 황제 발렌스에 의해 367년에 있었는데 378년까지 무려 11년간이나 지속되었다. 381년에 열렸던 콘스탄티노플 공의회에 치릴루스도 참석했다. 치릴루스는 387년 3월 18일에 별세했고, 동방교회에서는 이날을 축일로 정해 기념하고 있다.

작품

그의 작품 중에서는 24편의 강론으로 구성된 『예비신자 교리』Catecheses가 가장 유명하다. 348년, 그는 콘스탄티누스 황제가 예루살렘에 세운 주님의 성묘 성당에서 이 강론들을 했다. 이 강론들을 들은 어느 신자가 기록으로 남기면서 생겨나게 된 이 작품은, 예비자들과 새 영세자들을 위한 일종의 신앙과 생활 지침서로 교의 및 전례적으로 중요한 문헌이다. 첫 번째 강론은 서론에 해당하는 내용이고, 전반부 18편은 사순절 동안 예비자들에게 행한 강론이고, 후반부 5편은 부활 주간에 새 영세자들에게 행한 강론이다. 1-5편 강론은 죄·회개 그리고 믿음에 관한 내용이며, 6-18편 강론은 예루살렘 교회에서 세례성사 때 신앙을 고백하던 신경에 관한 내용으로 이루어져 있다. 예루살렘 교회에서 세례성사 때 바치던 신경(신앙고백문)은 381년 콘스탄티노플 공의회의 신경과 아주 비슷하다.

치릴루스는 세례 때 신자들이 고백하는 신경 속에 들어 있는 열 가지 신앙 진리를 단순하지만 빠짐없이 설명해 준다. 곧, 아버지이신 하느님, 그분의 외아들 예수 그리스도, 강생, 십자가, 부활, 승천, 세상의 종말, 성령, 육신의 부활, 교회 그리고 영원한 생명이다. 가장 중요한 부분은 마지막 5편으로, 부활 대축일에 모두 함께 거행되는 성사들에 대한 강론이다. 19-20편은 세례성사, 21편은 견진성사, 22편은 성체성사, 23편은 신자들의 미사 참례에 대한 강론이다. 따라서 이들 강론을 『신비 교육』Mystagogiae이라고 부른다. 이들 강론을 통해 치릴루스는 전례 예식 하나하나가 어떻게 생겨났으며, 무슨 뜻이 담겨 있는지 신구약 성서에 기초하여 이를 설명한다. 그는 구약성서에 나타난 사건을 신약 사건의 예형으로 해석한다. 예를 들면, 홍해를 건넌 사건은 세례성사의 예형이요, 만나는 성체성사의 예형이라고 말한다. 이 강론집은 고대 그리스도교가 남겨 준 가장 소중한 문헌들 가운데 하나로, 치릴루스 덕분에 그 시대 예루살렘 교회 전례를 한눈에 볼 수 있게끔 해 주었고, 신비신학뿐 아니라 세례 교리를 어떻게 가르쳤는가에 대한 증거 자료를 가지게 되었다.

치릴루스의 작품으로 요한 복음서 5장에 나오는 중풍병자에 관한 강론과 또한 4편의 강론 단편들 그리고 황제 콘스탄티우스에게 보낸 서간이 있는데, 이 서간에서 치릴루스는 예루살렘 십자가의 환시에 대하여 말하고 있다.

신학

치릴루스는 '호모우시오스'homoousios라는 용어를 의식적으로 피하고 사용하지 않았다. 그에 따르면, 이 용어가 성서에 들어 있지 않으며 사벨리우스주의 이단을 편드는 인상을 주기 때문이다. 그럼에도 불구하고, 그는 성부와 성자의 본체적 일치 내지 동질성을 가르치는 니케아 공의회의 정신과 믿음에 따라 단호하게 아리우스파의 입양설과 모든 주장들을 배척했으며 성자를 일컬어 "참된 하느님", "하느님께로부터 나신 하느님"이라고 고백한다.[70] 그는 또한 성부와 성자와의 일치를 성령께 연결시켜 성삼교리의 설정에 큰 공헌을 했다.

치릴루스는 성체성사의 교리에 관해서 성체성사 안에 계신 그리스도의 참된 현존과 성체성사 안에서 빵이 주님의 몸으로 '실체변화'하는 것을 이전의 모든 교부들보다 명확하게 가르쳤다. 그리고 제물 위로 성령이 내려오시게 청하는 기도와 죽은 사람을 위한 기도가 미사 중에 들어 있다고 증언한다.[71]

예루살렘의 치릴루스 교부가 성령에 대하여 가르친 말씀을 한마디 들어 보자. "내가 주는 물은 그 사람 속에서 샘물처럼 솟아올라 영원히 살게 할 것이다." 이는 마음이 준비되어 있는 이에게만 샘물처럼 솟아오르는 새로운 종류의 생명수를 가리킨다. 그런데 왜 성령의 은총을 물이라고 하는가? 이는 모든 것이 물에 의존하기 때문이다. 물은 풀을 자라게 하고 생명체를 만들어 준다. 물은 하늘에서 내려오는 비다. 물은 언제나 같은 형태로 내려오지만 그 효과는 다양하다. 그것은 팔마나무와 포도나무에 미치는 효과가 제각기 달라도 모든 것에 모든 것이 되기 때문이다. 물 그 자체는 항상 같은 것이고 변함이 없다. 하늘에서 내려오는 비는 아무런 변함 없이 내린다. 그러나 물은 그것을 받아들이는 사물의 성질에 따라 가장 적합한 것으로 바뀐다.

성령도 이와 마찬가지다. 하나고 한 본성이며 나뉨이 없지만 각자에게 당신이 원하는 대로 은총을 나누어 준다. 마른 나무가 물을 받으면 새싹을 내는 것과 마찬가지로, 죄에 빠진 영혼도 회개함으로써 성령의 은총을 받으면 정의의 열매를

---

[70] 예루살렘의 치릴루스 『예비신자 교리』 11,14,18.
[71] 예루살렘의 치릴루스 『신비 교육』 5,7,9 참조.

맺는다. 성령은 비록 본성상 하나지만 하느님의 뜻으로 그리고 그리스도의 이름으로 다양한 효과를 낸다.

성령은 지혜를 주기 위해 사람의 입을 사용하고 예언의 은혜로 다른 이의 이해력을 비추어 주며, 또 다른 이에게는 악마를 쫓는 권능을, 또 다른 이에게는 하느님의 말씀을 해석하는 은혜를 준다. 그분은 어떤 이에게는 절제심을 강하게 해 주고, 다른 이에게는 자비심을, 또 다른 이에게는 단식하고 고행하는 것을, 또 다른 이에게는 순교의 용기를 준다. "성령께서 각 사람에게 각각 다른 은총의 선물을 주셨는데 그것은 공동 이익을 위한 것입니다"라는 말씀대로 그분 자신은 변화되지 않지만, 여러 사람들 안에서 각각 다르게 활동한다.[72]

---

[72] 예루살렘의 치릴루스 『예비신자 교리』 16; 『성령론』 1,11-12 참조.

2. 암브로시우스

장인산

생애

　주교 학자 암브로시우스 성인은 339년 지금의 독일 서쪽에 자리한 트리어에서 태어났다. 그는 아우구스티누스, 히에로니무스, 그레고리우스 대교황과 더불어 라틴(서방) 교회의 전통적인 4대 교부로 꼽힌다. 암브로시우스의 생애는 그가 남긴 저서들과 그가 죽은 뒤 밀라노의 파울리누스가 쓴 전기 『암브로시우스의 생애』*Vita Ambrosii* 덕분에 잘 알려져 있다. 갈리아의 지방장관으로 재직하던 부친의 별세로, 어머니는 암브로시우스를 포함한 삼남매를 데리고 로마로 돌아갔다. 로마에서 누나 마르켈리나는 수녀가 되어 교황 리베리우스로부터 머릿수건을 받았고, 형 사티루스와 함께 암브로시우스는 귀족 가문의 자제들이 공부하는 학교에서 훌륭한 교육을 받았다. 수사학, 철학, 법학 등을 배운 암브로시우스는 일찍 관직 생활에 들어가서 황궁이 있던 밀라노로 진출하게 되었다. 이 도시는 에밀리아-리구리아 지역의 수도로서 암브로시우스는 그 지역의 주 지방장관이 되었다.

당시 밀라노에는 예수 그리스도의 신성을 부인하던 아리우스주의 이단을 추종하던 아욱센티우스 주교가 자리를 잡고 있었는데, 그가 죽은 후에 후임 주교를 뽑는 과정에서 하느님의 특별한 섭리가 작용하시어 암브로시우스가 밀라노의 주교가 되었다.

교회와 국가 간 문제

암브로시우스 주교는 니케아 공의회의 정통 교리를 옹호하는 주교로부터 주교품을 받은 뒤, 단호하게 아리우스 이단에 맞서 가톨릭 교회의 정통 신앙을 보호하는 일에 전념했다. 그리하여 서방교회에서 니케아 신앙이 확고하게 자리 잡는 데 큰 역할을 했다. 뿐만 아니라 암브로시우스는 교회와 국가 간의 문제를 정식으로 다룬 최초의 교부다. 교회는 도덕의 수호자로서 자신만의 고유 영역에서 최고임을 황제에게 인식시킨 것이다. 국가권력에 대해서도 분명하게 대처했는데, 교회의 권리와 가르침으로 황제의 간섭을 단호하게 물리침으로써 교회 지도자로서 선구자적 역할을 담당했다.

탁월한 설교가

암브로시우스는 주교가 된 직후 이렇게 고백했다. "학생도 되기 전에 스승이 되었구나. 배워야 할 내가 가르치게 되었구나!" 그는 성서 공부에 몰두했다. 바쁜 사목 활동 중에서도 늘 성서를 읽었다. 아우구스티누스가 이 사실을 증언한다.[73]

---

[73] 아우구스티누스 『고백록』 6,3,3.

암브로시우스 주교는 특히 동방 교부들의 저서에 심취했고 그들에게서 많은 영감을 전해 받았다. 필론과 오리게네스와 같이 성서의 3중 — 자연적·신비적·윤리적 — 의미를 받아들였다. 특히, 윤리적·유비적 해석을 많이 사용했다. 그는 성서의 각 사건 안에서 깊은 의미를 추구했고, 신앙과 생활에 유익을 가져다주는 가르침으로 활용했다. 특히 필론의 영향을 많이 받았기 때문에 암브로시우스 교부는 '그리스도교의 필론'Philo Christianus이라고 불린다.

암브로시우스 주교가 성서의 가르침을 바탕으로 열심히 준비한 강론은 많은 사람들의 마음에 깊은 감명을 주었다. 아우구스티누스가 그의 강론으로 주님의 사랑을 깨닫고 개종하는 은혜를 받은 사실은 유명하다.[74] 그는 이단으로 갈라진 신자들을 화해시키고, 성직자들과 신자와 비신자 군중들 모두에게서 존경을 받았다. 그는 동방신학을 서방교회에 소개하고 자신의 교구 사제들이 주교관에서 공동으로 모여 기도하고 생활할 수 있도록 배려함으로써, 교구 참사 수도회의 시조가 된 사목자들의 아버지였다고 볼 수 있다.

성직자들의 모범이 된 목자

암브로시우스는 주교가 되자 곧바로 자신의 재산을 가난한 이들에게 희사했고, 자신은 수도자와 같이 청빈과 극기의 생활을 하면서 사목 활동에 전념했다. 주교관을 개방했기에 원하는 사람들은 항상 그를 만날 수 있었고, 따라서 도움이 필요한 사람은 줄을 서서 그를 찾았다.

---

[74] 아우구스티누스 『고백록』 6,4,6.

암브로시우스 주교는 성서에서 가르치는 대로 기뻐하는 사람과 함께 기뻐하고, 우는 사람과는 함께 우는 사람이었다. 죄인들에게는 항상 동정심으로 대했기에, 그는 교회 사목자들의 좋은 모범이 되었다. "그에게 죄를 고해하러 사람들이 올 때마다 그는 항상 같이 울곤 했습니다. 그는 죄에 떨어진 사람과 함께 자신도 죄를 지었다고 생각했던 것입니다. 죄의 고해를 들은 그는 항상 주님만을 신뢰하며 기도해 주곤 했습니다. 그분은 이와 같이 후대 사제들에게 좋은 표양을 보여 주었습니다. 사제들은 사람들을 책망하고 고발하기보다는 하느님께 그들을 위해서 전구해 주는 자세로 일해야 합니다."[75]

암브로시우스는 베드로의 눈물을 자신에게도 내려주시기를 주님께 기도했다. 눈물로 죄를 씻는 효력과 사람을 새롭게 탄생시키는 영적 효과를 강조하면서, 이런 눈물을 '좋은 눈물'이라고 불렀다. 그는 교회 안팎에 지대한 영향을 미쳤다.

저술 활동

암브로시우스는 주교로서 사목 활동에 여념이 없지만, 신자들을 위해 실천적이며 교육적인 저서들을 많이 남겼고, 성서에 대한 많은 주해서와 윤리·수덕과 교의신학에 관한 저서들 그리고 연설문, 서간과 찬미가들도 남겼다. 특히, 키케로가 아들을 위해 쓴 저서 『직무론』 *De officiis*의 틀에다 자신의 영적 아들들인 교구 사제들을 위하여 그리스도교 신앙과 성직자의 직무를 내용으로 하는 책을 썼는데, 『성직자들의 직무론』 *De officiis ministrorum*이 그것이다. 이 작품은 라틴 교회의

---

[75] 파울리누스 『암브로시우스의 생애』 39.

첫 윤리신학 총서로 꼽혔다. 또한 신자들이 부르는 찬미가들을 지은 공로로 암브로시우스 주교는 서방교회에서 성가 작곡의 창시자로 불리기도 한다.

암브로시우스의 정직하고 헌신적인 삶은 고대교회에 큰 영향을 끼쳤다. 사도적 사명감으로 헌신하던 암브로시우스는 397년 4월 4일, 성주간 성토요일에 선종하여 그의 밀라노 주교좌 성당에 안치되었다. 교회는 그의 축일을 12월 7일에 지낸다. 암브로시우스 주교는 "엘리야와 같이 하느님을 두려워하는 마음에서 제왕들과 권력 있는 사람들에게 말하기를 꺼리지 않는"[76] 모범적인 주교였다.

---

[76] 같은 책 47,3.

3. 몹수에스티아의 테오도루스

하성수

안티오키아 학파

    고대 그리스도교에 기둥이 되는 가장 유명한 두 학파는 알렉산드리아 학파와 안티오키아 학파다. 안티오키아 학파는 타르수스의 디오도루스에 이르러 학설 체계가 잡히기 시작하고, 그와 그의 뛰어난 제자들의 활동에 힘입어 4~5세기에 전성기를 누렸다. 4세기부터 삼위일체론과 그리스도론에 관한 교의 논쟁이 시작되었는데 안티오키아 학파는 성서 해석 방법에서, 특히 역사적·문자적 의미를 중시했다. 이와 달리 알렉산드리아 학파는 성서의 알레고리적·도덕적·신비적 의미를 강조하여 성서의 깊고 숨은 뜻을 찾는 데 몰두했다. 교의의 관점에서 안티오키아 학파는 하느님과 그리스도를 구분하려는 경향이 강한 반면, 알렉산드리아 학파는 하느님의 세 위격과 그리스도 안에서 두 본성의 일치를 더 강조했다. 두 학파의 이러한 대략적이고 전형적인 특성은 근본적인 경향만을 나타내기 때문에 경솔히 도식적으로 적용해서는 안 된다.

생애

　요한 크리소스토무스와 주고받은 서신을 보면, 테오도루스는 350년경 안티오키아에서 태어났던 것 같다. 그는 부유한 집안에서 자라나 이교인 수사학자 리바니우스에게서 교육을 받았다. 테오도루스는 스무 살 때 요한 크리소스토무스를 알게 되는데 그 이후로도 오랫동안 서로를 평생지기로 여기며 우정을 나누었다. 그들은 함께 타르수스의 디오도루스가 세운 학교에 다녔다. 테오도루스는 한동안 결혼과 독신 가운데 어느 길을 가야 할지 결정하지 못한 채 신학 공부를 마쳤지만 학교를 다니는 동안 내적 위기는 겪지 않았다. 그가 이 학교에서 배운 공부는 그의 영적 삶과 성서 주석 방법에 도움이 되었다. 공부를 다 마친 뒤 그는 안티오키아의 주교 플라비아누스에게서 383년 사제품을 받았으며, 안티오키아 분열 시기에 사목자와 신학자로서 명성을 드높였다. 테오도루스는 386년부터 몇 년간 타르수스에 머물다가, 392년에 올림피우스의 뒤를 이어 킬리키아 지방 몹수에스티아의 주교로 서임되었다. 36년 동안 주교로 있으면서 그는 수많은 주석서와 교의서를 저술했을 뿐 아니라 성령 부인론자와 토론을 벌여 성령의 신성을 변론했다. 테오도루스는 428년 네스토리우스 논쟁이 일어나기 전에 생을 마쳤다.

성서 주석

　테오도루스의 전기를 다룬 진술은 별로 없지만 그가 저술한 작품들은 매우 많다. 그는 성서의 거의 모든 책을 주석하여 안티오키아 학파의 가장 저명한 성서 주석가로 이름났으며, 페르시아 교회에서는 성서를 주석하지 않은 네스토리우스와 더불어 가장 중요한 신학자로 손꼽힌다. 테오도루스의 성서 해석 방법은 근본적으로 스승 디오도루스의 방법을 계승하면서 그 방법을 정확하게 규정하고 심화시켰다. 그에 따르면, 인류사는 크게 두 시기로 발전하여 왔는데 그 중간 시기가 그리스도의 육화다. 따라서 구약성서는 당시의 역사적 상황에 따라 해석해야 한다. 그리스도의 도래를 준비하는 경우에 역사적 상황은 예형론적 의미를 지닌다. 그렇지만 예형론적 해석에는 세 가지 기준이 적용되어야 한다. 첫째, 구약성서와 신약성서의 사건들이 비교될 수 있어야 한다. 둘째, 사건들은 구약성서 안에서 구체적인 구원의 힘을 지녀야 한다. 셋째, 그 사건들은 신약성서의 사실성에 적합해야 한다. 두 번째 인류의 시기는 그리스도의 육화로 시작하여 종말론적 완성까지 계속된다는 관점에서, 신약성서도 과거보다 미래에 대한 예언적 의미를 더 많이 지닌다.

구약성서, 특히 예언서에 관한 테오도루스의 역사적·문법적 성서 주석은 알렉산드리아 학파의 알레고리 해석과 상반되는 것으로 이해되지만 성서의 예형론적 고찰을 결코 배제하지 않는다. 예형론적 해석에서는 율법서와 예언서의 역사적 실재가 미래의 구원 사건에 대한 암시를 내포하기에 역사적 의미도 강조된다. 예를 들면, 모세가 뱀의 재앙 때 구리뱀을 기둥에 단 사건(민수 21,4-9 참조)을 그리스도가 십자가에 매달리는 예형으로 해석할 수 있다. 그러나 알렉산드리아 학파의 알레고리 방법으로 해석한다면 구약의 역사적 사건이 그 의미를 잃는 반면, 안티오키아 학파의 해석은 구약의 역사적 사건도 구원사적 의미가 있다는 것이다.

그리스도론

오늘날의 신자들은 그리스도교 교의에는 거의 관심이 없고 오로지 무작정 믿기만 한다. 그러나 4~5세기에는 신과 관련된 매우 미묘한 문제들이 노상에서조차 매우 격렬히 토론되었는데, 니사의 그레고리우스는 콘스탄티노플 공의회(381) 이전의 이러한 상황을 조롱조로 보고한다. "거스름 돈이 얼마냐고 물으면, 가게 주인은 태어난 사람과 태어나지 않은 사람에 관한 신학적 연설을 했다. 빵 한 개가 얼마냐고 물으면, '성부는 성자보다 위대하다'고 대답했다. 그리고 목욕물이 준비되었느냐고 물으면 좋은 '성자가 무에서 태어났다'고 대답했다."[77]

이 시기에 테오도루스만큼 그리스도론 발전에 기여한 사람은 없다고 해도 과언이 아닐 것이다. 테오도루스는 그리스도론을 펼치면서 교회의 전통을 충실히 따랐다. 그는 그리스도가 완전한 인성을 지녔다는 사실을 매우 강조했다. 이러한 배후에는 그리스도는 참으로 인간이 되신 우리의 형제라는 인식이 깔려 있다. 다시 말해, 그리스도의 신성만 강조하면 우리가 그를 따르는 경건성에 의미가 없어진다는 것이다. 테오도루스는 생전에 정통 신학자라는 호평을 받았지만, 알렉산드리아의 치릴루스는 네스토리우스 논쟁 때 그에게 이단자라는 오명을 씌웠다. 서방에서처럼 동방에서도 그와 그의 작품은 극과 극을 달리는 평가를 받았다. 테오도루스는 그의 추종자들에게서, 특히 페르시아 교회에서 성인으로 존경을 받은 반면에, 그의 반대자들은 제2차 콘스탄티노플 공의회(553)에

---

[77] P. Brown, *Macht und Rhetorik in der Spätantike* (dtv Wissenschaft 4650) München 1995, 118.

서 그를 단죄했다. 이미 네스토리우스 논쟁을 통해 상당한 손상을 입은 테오도루스는 이때부터 비잔틴 전 제국교회에서 이단자라는 오명을 얻게 되었다. 그러나 영향력 있는 일부 라틴 신학자들은 테오도루스를 결코 네스토리우스 이전의 네스토리우스주의자로 보지 않았으며, 테오도루스의 작품에서 엿보이는 일부 미숙한 표현에도 아랑곳없이 교의사적 가치를 인정하고 당시 반칼케돈 성향에 대해 그가 펼친 두 본성론을 강력히 변론했다.

4. 요한 크리소스토무스

최원오

빼어난 복음 설교가

교부들의 설교는 아름답고 힘이 있다. 교부들은 어쭙잖은 윤리 훈계 나부랭이를 늘어놓거나, 얄팍한 지식을 자랑하지 않는다. 그들은 참으로 말씀의 봉사자들이었으니, 인간의 헛된 이론이나 지식에서 짜내지 않고 살아 계신 말씀의 샘물에서 곧장 길어 올린 설교는 듣는 사람에게 생명을 건네준다. 그 까닭에 교부들의 설교는 오랜 세월을 뛰어넘어 오늘날까지도 생명력을 지니고 있다. 교부들 가운데 가장 빼어난 설교가는 뭐니 뭐니 해도 요한 크리소스토무스다. 그는 감동적인 설교로 청중들의 마음을 사로잡아 '황금의 입'(크리소스토무스)이라는 영예로운 별명을 얻었다. 수백 개가 넘는 그의 '설교' sermones(미사 강론)와 '강해'tractatus(성서 특강)를 읽노라면, 하느님 나라의 기쁜 소식을 지치지 않는 열정으로 선포하던 요한의 뜨거운 숨결을 생생하게 느낄 수 있다.

가난한 사람들의 벗

요한은 안티오키아의 유복한 가정에서 태어났으나(349), 일찍이 아버지를 여의고 홀어머니 안투사의 훌륭한 교육을 받으면서 자라났다. 그는 한때 변호사를 꿈꾸었으나, 세례를 받으면서 그 꿈을 접었다(372). 세상 부귀와 명예가 자신의 궁극적인 열망을 채워 줄 수 없다는 것을 깨달았기 때문이다. 디오도루스가 교장으로 있던 학교에 들어가서 성서 주석과 수행의 삶에 전념하던 요한은 얼마 후 독서직을 받았다(375). 그러나 더욱 완전한 삶을 열망했기에, 대도시 안티오키아를 떠나 4년 동안 어느 수행가의 지도를 받으며 수도 생활을 했다. 그 후 2년 동안은 홀로 동굴에서 지내면서 날마다 성서를 되새김질하며 기도함으로써, 마침내 신구약 성서를 통째 외우게 되었다. 그러나 오랜 고행으로 건강을 해친 요한은 고향에 돌아올 수밖에 없었다. 안티오키아 교회는 그에게 부제품을 주었다(381). 요한은 5년 동안 부제로서 가난한 사람들을 정성껏 섬기다가, 386년에 사제품을 받았다. 그는 12년이라는 사제 생활 동안 깊은 성서 묵상으로 얻은 하늘나라의 보화들을 설교 때마다 신자들에게 아낌없이 나누어 주었다.

요한은 가난하고 소외된 사람들의 비참한 삶을 자신의 것으로 받아들이고, 기득권층의 고삐 풀린 사치와 부자들의 탐욕을 끊임없이 고발했다. "그리스도의 제대가 금으로 된 잔으로 가득 차 있으면서, 그리스도(= 가난한 사람)께서 굶주림으로 돌아가신다면 무슨 유익이 있겠습니까? 여러분은 먼저 배고픈 이들을 충족히 채워 주고 난 다음 그 나머지 것으로 제단을 장식하십시오. … 그러므로 성전을 장식할 때 고통받는 형제들을 멸시하지 마십시오. 살로 된 성전이 돌로 된 성전보다 훨씬 가치 있기 때문입니다."[78]

397년, 제국의 수도 콘스탄티노플의 총대주교였던 넥타리우스가 세상을 떠나자, 아르카디우스 황제는 유명한 설교가 요한 크리소스토무스를 새 총대주교로 임명했다. 그러나 요한은 일찍이 『사제직』*De sacerdotio*(388~390)이라는 작품에서 자기는 주교 직무에 어울리지 않는 사람이라고 고백한 바 있다. 황제는 요한 몰래 특사를 보냈다. 특사의 마차는 요한을 태우고 곧장 황제의 도시 콘스탄티노플로 내달렸다. 그때서야 비로소 총대주교 임명 사실을 알게 된 요한은 어쩔 도리 없이 콘스탄티노플의 총대주교가 되었다. 그의 나이 마흔아홉이었다(398).

성직자 · 수도자들의 개혁가

총대주교가 된 요한은 부패하고 타락한 성직자 · 수도자들을 과감하게 개혁했다. 에페소에서 교회회의를 열어 성직을 사고 팔아 돈벌이하던 주교 여섯 명을 면직시켰다. 세속적인 욕심으로 가득 차 안락하고 화려한 삶을 추구하던 성직자들을 교회에서 쫓아냈고, 부잣집만 뻔질나게 드나들며 호의호식하던 수도승들을 소속 수도원으로 돌려보냈다. 수많은 사람들이 요한 총대주교에게 뜨거운 지지를 보냈다. 그러나 모두가 다 그랬던 것은 아니다. 요한의 개혁에 불만을 품은 몇몇 주교들과 적대자들은 조직적으로 저항하며, '좋았던 시절'로 되돌아가기 위해서 복수의 칼을 갈고 있었다.

---

[78] 요한 크리소스토무스 『마태오 복음 강해』 50,3-4.

불의한 정치권력에 저항한 주교

요한의 선임자 넥타리우스 총대주교는 황실과 적당히 타협하며 좋은 관계를 유지했으나, 요한은 정반대로 처신했다. 그는 설교 때마다 황실의 허례허식과 사치를 준엄하게 꾸짖었다. 특히, 요한은 에우독시아 왕후의 허영심과 탐욕을 모질게 비판했기 때문에, 왕후는 증오심에 가득 차서 요한을 내쫓을 기회를 노리게 되었다.

안티오키아 교회와 경쟁 관계에 있던 알렉산드리아의 총대주교 테오필루스는 이러한 정치 상황을 교활하게 이용했다. 그는 요한을 반대하던 성직자들과 왕후의 후원을 등에 업고서 칼케돈 근처에서 '참나무 교회회의'(403)를 열고, 요한을 거짓 고발하여 총대주교직을 박탈했다. 이로써 요한의 첫 번째 유배가 시작되었다. 그러나 천벌을 받을까 두려웠던 왕후는 귀양길에 올랐던 요한을 다시 불러오게 했다. 귀양살이에서 돌아온 다음에도, 부패한 정치권력에 대한 요한의 비판은 수그러들 줄 몰랐다. 결국 요한은 404년 부활 예식을 거행하는 도중에, 황제의 명을 받은 군인들에게 끌려 나와 종신 유배를 떠났고, 407년 9월 14일에 유배 길에서 세상을 떠났다. "하느님께서는 모든 것을 통하여 영광받으소서!" 그가 남긴 마지막 말이었다.

요한 크리소스토무스는 교회 정치와는 전혀 거리가 멀었지만, 정치권력의 거짓과 위선에 용감히 맞서 싸우며 복음을 힘차게 선포했다. 그러나 알렉산드리아의 총대주교 테오필루스는 부패한 정치권력에는 철저하게 침묵했지만, 온갖 음모와 술수를 다 동원하여 교회 권력을 움켜쥐었다. 테오필루스가 쌓아 올린 세상 명예와 권력은 금세 사라지고 썩는 냄새만 오늘날까지 진동하지만, 복음과 세상의 정의와 평화를 위해 일생을 바친 요한의 아름다운 향기는 영원히 스러지지 않는다.

5. 히에로니무스

노성기

생애

히에로니무스(342?~419)는 수도자며 사제로서, 불가타 성서를 번역한 가장 위대한 성서학자였다. 고대 서방교회가 배출한 가장 위대한 학자들 가운데 한 사람이었던 그는 서방교회의 4대 교부 — 암브로시우스, 아우구스티누스, 대 그레고리우스 — 중 한 사람으로 '신학교의 수호성인', '수덕 생활의 수호성인'으로 널리 알려져 있다. 그는 동시대인들 중에서 라틴어, 그리스어, 히브리어를 자유자재로 구사할 수 있었던 유일한 교부였다. 사제이면서도 생애 대부분을 수도자로 살았던 그는 베들레헴의 수도원에서 선종했다. 그의 축일은 9월 30일이다.

342년경에 달마티아(오늘날 슬로베니아의 류블리아나)의 스트리돈 지방에서 태어난 그는 열두 살 때 로마로 가서 문법과 수사학과 고전 라틴문학을 공부했다. 이때 루피누스를 만나 후일 그와 함께 오리게네스의 작품을 라틴어로 번역한다. 370

년경에 고향으로 돌아온 그는 발레리아누스 주교의 지도로 친구들과 함께 수도 생활을 시작하면서 테르툴리아누스, 치프리아누스, 힐라리우스 등 라틴 교부들의 작품들을 읽었다.

더 엄격한 금욕 생활을 하겠다고 결심한 그는 374년에 자신이 소장하고 있던 책을 가지고 안티오키아 동편에 있는 칼키스 사막으로 들어가 은수자들과 함께 생활한다. 그러나 은수자들이 아리우스 이단 문제로 서로 대립하자, 은수자로서의 삶을 접고 안티오키아로 갔다. 그곳에서 당대 최고의 주석가였던 라오디케아의 아폴리나리스로부터 성서 강의를 들으면서 성서 주석 방법을 배우고 그리스어를 공부했다.

은수 생활을 계속할 것인지 말 것인지 망설이고 있을 때, 꿈에 그리스도가 나타나서 "너는 그리스도인이 아니라 키케로주의자다. 너의 재물이 있는 곳에 너의 마음도 있다"라고 꾸중하셨다. 꿈의 영향을 받아, 히에로니무스는 수도 생활을 계속해도 된다는 조건으로 379년, 안티오키아에서 파울리누스 주교로부터 사제품을 받았다.

380년에는 콘스탄티노플의 총대주교 나지안주스의 그레고리우스로부터 성서 강의를 듣고 오리게네스의 성서 주석 방법에 매료되어 오리게네스의 작품들을 그리스어에서 라틴어로 번역하면서 니사의 그레고리우스 주교와 교류한다.

불가타 성서 번역

382년에 안티오키아의 파울리누스 주교와 함께 로마로 순례를 가서 다마수스 교황을 만났다. 교황은 그를 비서로 삼고 히브리어와 그리스어로 되어 있는 신구약 성서를 당시 사람들이 쉽게 알아들을 수 있는 라틴어로 번역하라고 명령한다.

왜냐하면 200년대부터 서방교회에는 여러 종류의 라틴어 성서 번역본이 있었으나 번역본들마다 내용이 서로 달라 어려움이 많았기 때문이다.

그를 적극적으로 후원해 주던 다마수스 교황이 서거하자 (384), 그의 재능을 시기하던 자들이 그를 비난했다. 히에로니무스는 예루살렘으로 떠났다(385). 뛰어난 라틴어 문필가이면서 그리스어와 히브리어, 아람어 등 성서 관련 언어에 두루 능통했던 히에로니무스는 그리스어 원문에서 직접 신약성서를 번역했다. 그리고 베들레헴 수도원에서 수도 생활을 하면서 오리게네스의 『헥사플라』*Hexapla*(육중역본 구약성서)에 나오는 70인역을 히브리어 원문과 직접 대조해 가면서 구약성서도 라틴어로 번역했다. 20년 이상을 번역 작업에 매달려 신구약 성서를 번역한 것이다. 그가 번역한 라틴어 성서를 13세기 때부터 '불가타 성서'라고 불렀는데, 모든 사람들이 쉽게 읽을 수 있는 쉬운 언어로 번역되었기 때문이다. 라틴어로 불가타Vulgata는 '대중적'이란 뜻이다. 불가타 성서는 히에로니무스의 가장 위대한 업적이었다.

성서의 중요성 강조

히에로니무스는 성서의 중요성을 강조한다. "성서를 사랑하십시오. 그러면 성서가 여러분을 보호해 줄 것입니다. 성서를 흠모하십시오. 그러면 성서가 여러분을 감싸 줄 것입니다."[79] 그 외에도 최초로 '성서의 무류성'을 주장했다. 또한 성모 마리아의 평생 동정성을 주장하면서, 남자도 여자처럼

---

[79] 히에로니무스 『편지』 130,20.

순결을 지켜야 한다고 강조했다. 펠라기우스 논쟁이 발생하자, 인간 스스로 죄를 짓지 않을 수 있다고 주장하는 펠라기우스주의자들은 자신을 하느님으로 생각하는 것과 같다고 반박했다.[80]

393년에 그는 콘스탄티아의 에피파니우스와 예루살렘의 요한 사이에 벌어진 오리게네스 신학 논쟁에 휘말렸다. 오리게네스 논쟁은 전 교회를 떠들썩하게 만들었다. 그는 오래 전부터 친분이 두터웠던 에피파니우스를 지지하고, 그의 친구 루피누스는 요한을 지지했다. 이로써 그는 옛 친구 루피누스와 영원히 등지고 말았다. 오리게네스 신학의 열렬한 추종자였던 히에로니무스는 오리게네스 논쟁이 발생하기 전까지는 오리게네스를 성서 주석의 위대한 스승으로 생각하고 그의 작품들을 그리스어에서 라틴어로 번역했다.

히에로니무스는 최초의 수도 규칙서인 『파코미우스 규칙』 *Regula Pachomii*과 서간 등 수도 생활 관련 문헌들을 라틴어로 번역하고, 베들레헴 수도원에서는 전례 시기에 맞추어 수도자들에게 정기적으로 강의도 하고 강론도 했다. 이처럼 그는 성서 번역과 저술 활동뿐 아니라 수덕 생활에 전념하면서, 남녀 수도자들을 지도했다.

로마가 함락되었다(410)는 소식에 접한 히에로니무스는 베들레헴 수도원에서, '전 세계를 사로잡았던 로마여, 이제는 사로잡힌 신세가 되었구나!'라고 탄식했다. 펠라기우스주의자들이 난동을 일으켜 베들레헴 수도원에 불을 지르자(416), 간신히 몸을 피한 히에로니무스는 몇 년 후 베들레헴 수도원

---

[80] 히에로니무스 『펠라기우스주의 반박』 2,4.

에서 선종했다.

끝으로 히에로니무스가 제자 네포티아누스를 칭찬하면서 했던 말을 마음에 새겨 음미해 보자. "그는 열심히 성서를 읽고 고이고이 되새김으로써 자기 마음을 고스란히 그리스도에 관한 도서관으로 만들었다."[81]

---

[81] 히에로니무스 『편지』 60,10.

6. 아우구스티누스의 생애

최원오

출세의 길

아우구스티누스는 로마제국에 속해 있던 북아프리카의 작은 도시 타가스테에서 태어났다(354). 그의 어머니는 성 모니카다. 라틴어 문법과 '말 잘하는 기술'(修辭學)이 뛰어났던 아우구스티누스는 열여섯의 나이에 북아프리카의 수도 카르타고로 유학을 갔다(370). 그곳에서 한 여인과 동거에 들어간 아우구스티누스는 얼마 있지 않아 아들 아데오다투스를 얻었다(370~371년경). 이 떳떳하지 못한 동거 생활은 14년 동안이나 계속되었다(370~384). 열여덟 살 나던 무렵 아우구스티누스는 키케로의 『호르텐시우스』 *Hortensius*를 읽고서 '지혜에 대한 사랑'(철학)에 빠졌다(372/373). 이제 세상 것들에 대한 애정은 시들해지고, 진리를 향한 열정으로 불타올랐다. 철학적 관심으로 성서도 읽어 보았지만, 그 문체나 내용이 유치하게 느껴져 금세 덮어 버리고 말았다. 생활비를 손수 벌어야 했던 아우구스티누스는 유학 생활을 중단하고 고향 타가스테로 돌아와 수사학 학교를 차렸다(373). 그 이듬해에는 카르타고로 가서 9년 동안 수사학을 가르쳤다(374~383). 그 아홉 해 동안 마니교 이단에 기웃거렸지만, 결국 마니교의 어설픈 교리 체계와 지도자들에게 실망하고 만다. 낙심한 아우구스티누스는 카르타고를 떠나 로마로 건너가서 수사학을 가르쳤다(383). 한동안 아카데미아 학파의 회의주의懷疑主義에 빠지기도 한 그는, 서른 살 젊은 나이에 밀라노 황실 학교의 수사학 교수로 초빙되었다(384).

회심과 세례

그러던 어느 날, 아우구스티누스는 어떻게 하면 황제에게 바치는 축사를 멋지게 꾸밀 수 있을까 고심하며 밀라노 거리를 거닐고 있었다. 때마침 싱글벙글 환하게 웃고 있는 거지가 눈에 띄었다. 바로 그 순간 아우구스티누스는 자신이 고달프게 추구하고 있는 인생의 거짓 행복이, 거지가 이미 맛보고 있는 작은 행복보다도 못하다는 것을 깨닫게 되었다. 그 당시 밀라노에는 그 유명한 암브로시우스가 주교로 있었다. 마음의 동요를 심하게 느끼던 아우구스티누스는 암브로시우스의 설교를 들으면서 성서의 참뜻과 그리스도교 진리를 조금씩 깨쳐 갔다. 게다가, 황실의 높은 벼슬아치 폰티키아누스가 들려준 수도승 안토니우스에 얽힌 이야기는 아우구스티누스의 마음을 세차게 뒤흔들어 놓았다. 복음의 권고대로 자기 재산을 다 팔아 가난한 사람들에게 나누어 주고 주님을 따라나선 수도승들의 삶에 비해, 아직도 엉거주춤 망설이고 있는 자신이 너무 부끄러웠기 때문이다. 괴로워서 무화과나무 밑에 홀로 주저앉아 울음보를 터뜨리며 "언제까지, 언제까지? 내일,

또 내일이옵니까? 지금은 왜 아니랍니까? 어찌하여 제 더러움이 지금 당장 끝나지 않나이까?"라고 울부짖고 있을 때, "집어서 읽어라, 집어서 읽어라!"(Tolle lege, tolle lege!)는 어린아이의 노랫소리가 들려왔다. 그는 곧장 방으로 달려가 바오로 서간집을 펼쳤다. 거기에는 이렇게 적혀 있었다. "포식과 폭음, 음행과 방탕, 싸움과 시새움 속에 살지 맙시다. 주님 예수 그리스도를 새옷으로 입고 욕정을 위해 육신을 돌보지 마시오"(로마 13,13-14). 이 한 말씀에 마음에는 기쁨이 넘쳐흘렀고, 모든 어둠이 말끔히 사라져 버렸다(386). 마침내 하느님 사랑에 눈뜬 아우구스티누스는 이렇게 노래했다. "늦게야 임을 사랑했나이다. 이렇듯 오랜, 이렇듯 새로운 아름다움이시여, 늦게야 임을 사랑했나이다!" 아우구스티누스는 387년 부활 성야 ― 4월 24일 밤 ― 에 밀라노 대성당에서 세례를 받았다. 어머니 모니카가 지켜보는 가운데, 아들 아데오다투스, 친구 알리피우스와 함께 암브로시우스 주교로부터 세례를 받은 것이다.

수도승 생활과 사제 생활

고향 타가스테에 돌아온 아우구스티누스는 지니고 있던 모든 재산을 팔아 가난한 이웃들에게 나누어 주었다(388). 그리고는 뜻을 함께하는 사람들과 더불어 고향 집에 작은 수도 공동체를 세웠다. 그들은 밤낮으로 주님의 법을 묵상하면서 단식과 기도와 선행에 전념했다(388~391). 이미 아우구스티누스의 명성이 널리 퍼져 나가기 시작했다. 온전히 수도 생활에만 매달리고 싶었던 아우구스티누스는 혹시라도 교회의 공직을 맡게 될까 봐 늘 두려워했다. 한번은 아우구스티누스가 북아프리카 제2의 도시 히포를 방문하게 되었다. 그곳에는 연로한 발레리우스가 주교로 있었다. 어느 주일이었다. 발레리우스 주교는 자기를 도와줄 사제가 당장 필요하다고 강론 중에 하소연했다. 때마침 그 자리에 아우구스티누스가 있었다. 성전에서 아우구스티누스를 알아본 신자들은 환호성을 올리며 몰려들었다. 아우구스티누스를 발레리우스 주교 앞에 억지로 데려간 그들은 사제품을 달라고 간청했다. 아우구스티누스는 너무 당혹스러운 나머지 눈물만 흘릴 뿐이었다. 결국, 이 모든 것이 삶의 주인이신 하느님의 뜻이라 받아들인 아우구스티누스는 서른일곱의 나이에 늦깎이 신부가 되었다(391). 그는 사제품을 받으면서 자기 주교의 허락을 얻어 주교좌 성당 옆에 수도원을 세웠다(391). 사랑과 겸손으로 가난한 사람들을 섬기며 수도 생활과 사제 생활을 함께하던 아우구스티누스는, 발레리우스의 뒤를 이어 히포의 주교가 되었다(397). 참된 사목자이며 탁월한 사상가로서, 모든 교부들 가운데 가장 돋보이는 아우구스티누스의 복음적 열정은 죽는 날까지 식을 줄을 몰랐다. 병이 깊어져 이 세상 마지막 나날을 보내는 동안에는 다윗의 참회 시편 일부를 옮겨 적어 벽에 붙이게 하고는, 침대에 누운 채 날마다 그것을 되새겨 읽었으며, 뜨거운 눈물을 끊임없이 흘렸다. 그것은 자신의 죄에 대한 참회의 눈물이면서, 동시에 하느님의 끝없는 사랑과 자비에 대한 감사의 눈물이었다. 40년 가까이 사제와 주교로서 교회를 섬긴 아우구스티누스는 430년 8월 28일 평화롭게 세상을 떠나, 오늘날까지 수많은 사람들의 가슴속에 살아 숨 쉬고 있다.

7. 아우구스티누스의 구원론

장인산

아우구스티누스(354~430)는 서방교회의 4대 교부 가운데 가장 위대한 교부로서, 그의 인물과 역사적 의의는 실로 지대하다. 그는 고대 그리스도교 역사에서 가장 많이 알려진 인물이다. 아들 아우구스티누스의 회개를 위해 오랜 세월 눈물로 하느님께 기도드렸던 어머니 모니카의 정성과 영적 스승이며 아버지 역할을 맡았던 암브로시우스 주교의 도움으로, 아우구스티누스는 후대 사람들에게 큰 희망을 선사하는 인물이 되었다. "어떤 성인도 과거 없는 사람은 없다. 또한 어떤 큰 죄 지은 죄인도 미래 없는 사람은 없다." 이렇게 말하는 성인에게서 우리는 하느님의 크신 사랑의 손길을 느낄 수 있다. 교회는 어머니 모니카와 아들 아우구스티누스의 축일을 나란히 8월 27일과 28일에 지낸다.

독일의 교부학자 알타너B. Altaner의 말에 따르면, 위대한 주교 아우구스티누스는 테르툴리아누스의 창조적 정열, 오리게네스의 영적 풍부함, 치프리아누스의 교회적 의식, 아리스토텔레스의 예리한 논리를 플라톤의 높은 이상주의와 사변에 결합시킨 인물이다. 그리고 라틴 사람의 실용적 감각을 그리스인의 영적 유연성에 일치시켰다. 그는 교부 시대의 가장 위대한 철학가이며, 전 교회의 가장 중요하고 영향력 있는 신학자다. 그의 저서들은 동시대뿐 아니라 오늘날까지 계속해서 독자들에게 열광적으로 읽히고 있다.

히포의 주교 아우구스티누스는 실로 엄청난 양의 저서들을 남겼으며, 그 안에서 자아인식에서 시작하여 존재, 진리, 사랑, 하느님 인식의 가능성, 인간 본성, 영원성, 시간, 자유, 악, 섭리, 역사, 행복, 정의, 평화 등 철학 분야뿐 아니라 그리스도교 신학 전반을 아우르는 주제들을 다루고 있다. 그래서 그에게는 철학자, 신학자, 신비가, 시인, 설교가, 논박가, 저술가, 목자 그리고 수도자라는 명칭이 두루 적용되기도 한다. 여기서는 아우구스티누스의 사상 가운데, 특별히 구원론에 대한 그의 가르침을 살펴보기로 한다.

구원론

아우구스티누스의 구원론은 중재자인 그리스도, 구원자인 그리스도, 사제며 동시에 제물이 된 그리스도라는 세 가지 관점에서 종합하여 살펴볼 수 있다.

첫째, 그리스도는 하느님이며 동시에 인간이기 때문에 하느님과 인간을 잇는 중재자mediator가 될 수 있다는 것이다.[82] 사실 진정한 중재가 이루어지려면 서로 연결시켜야 할 양편의 속성을 함께 지녀야 하는데, 의롭고 불멸하시는 하느님과

---

[82] 아우구스티누스 『설교』 47,12,21.

불의하고 죽어야 할 인간 사이에서 그리스도는 하느님처럼 의로운 분이면서도 다른 인간들처럼 죽어야 할 분인 것이다.[83] 그러므로 신神-인人 그리스도는 모든 사람을 위한 구원의 중재자가 된다. 이러한 보편적인 길 밖에서는 과거와 현재와 미래의 어느 누구도 구원받지 못한다.[84]

둘째, 그리스도는 하느님과 인간을 잇는 중재자이기 때문에 구원자redemptor다. 그리스도가 사람이 되어 이 세상에 오신 첫째 목적은 인류를 구원하기 위해서다. 아우구스티누스는 이에 관련된 성서 구절 60여 곳을 열거한 다음, "주님이신 예수 그리스도께서 죽음과 죄의 어둠에 묶여 있는 인류를 살게 하고 해방하고 구원하고 비추기 위해 인간이 되셨다. 그러므로 생명과 구원과 해방과 비추임을 필요로 하지 않는 이는 아무도 그리스도께 속할 수 없다"[85]는 내용으로 요약한다. 이 말에는 구원에 대한 세 가지 근본 요소가 함축되어 있다. 곧, 그리스도 없이는 아무도 구원될 수 없다는 '필요성', 그리스도는 우리가 본받아야 할 덕행의 모범이 될 뿐 아니라 하느님과 화해를 이루기 위해 대상이 된다는 '대상성', 끝으로 그리스도께서 모든 사람을 위해 돌아가셨고 아무도 여기에서 제외되지 않는다는 '보편성'이다.

한편, 아우구스티누스는 구원론에서부터 원죄에 대한 가르침을 도출했다. 원죄는 인간을 하느님과 분리시켰지만, 그리스도는 우리를 그분과 화해시켰다. 그리스도께서 모든 이를 구원하셨기 때문에 모든 이는 이 구원에 참여할 수 있게 되었

---

[83] 아우구스티누스 『고백록』 10,42,67.
[84] 아우구스티누스 『신국론』 10,32,2.
[85] 아우구스티누스 『죄의 응보와 용서』 1,26,39.

다. 온 인류가 첫째 인간인 아담 안에서 죄를 지었지만, 둘째 아담인 그리스도 안에서 구원을 받은 것이다. 이 두 가지 유대는 상반된 표지지만, 인간은 아담과 그리스도와 필연적으로 연결되어 있다. "그리스도교 신앙 전부는 바로 두 인물의 인과 관계로 구성되어 있다."[86] "한 분은 죽음을 가져왔고, 또 한 분은 생명을 선사하셨다."[87]

셋째, 그리스도는 사제며 제사이기 때문에 구세주다. 그리스도는 눈에 보이는 기름으로 도유된 사제가 아니라, "하느님의 말씀께서 사람이 되실 때, 곧 인간 본성이 마리아의 모태에서 그 말씀과 하나의 위격을 형성하기 위해 결합될 때 눈에 보이지 않는 신비로운 기름으로 도유된 사제다."[88] 그러면서 그리스도는 사제뿐 아니라 제사가 되기를 원했다. "그분은 (하느님) 당신 앞에 우리를 위한 승리자요 희생이다. 희생이기에 승리자다. 또 그는 당신 앞에 우리를 위한 사제요 제사다. 제사이기에 사제다."[89] 그리스도는 성부께 가장 참되고, 자유롭고, 완전한 제사를 바쳤고, 이를 통해 '우리를 악마의 권세에서 해방시킴으로써 인류의 모든 죄를 씻어 주고 없애 주고 소멸시켜 주었다'[90]고 역설한다.

---

[86] 아우구스티누스 『그리스도의 은총과 원죄』 24,28.
[87] 아우구스티누스 『설교』 151,5.
[88] 아우구스티누스 『삼위일체론』 15,25,46.
[89] 아우구스티누스 『고백록』 10,43,69.
[90] 아우구스티누스 『삼위일체론』 4,13,16-14,19.

8. 아우구스티누스의 인간론

이형우

인간은 어디서 와서 어디로 가고 있는가? 세상에 악은 왜 존재하는가? 인간의 참된 행복은 무엇인가? 사람이면 누구나 한 번쯤은 이런 의문들을 진지하게 자문하고 고민해 보았을 것이다.

하느님의 모상대로 창조된 인간의 위대함

아우구스티누스 사상의 주된 관심사는 하느님과 인간이었다. "나는 하느님과 인간의 영혼에 대해 알고 싶다. 그 외 다른 것은 없다. 정말 없다."[91] 하느님과 인간은 구분되지만, 인간이 '하느님의 모상'이라는 사실에서 이 둘은 서로 긴밀하게 결합되어 있는 것이다. 사실 모형은 원형에서 나왔기 때문에 서로 분리될 수 없다. 그래서 아우구스티누스는 『고백록』의 많은 대목에서 하느님과 인간을 함께 탐구했다. "주님, 당신

---

[91] 아우구스티누스 『독백』 1,2,7.

은 저를 위해 어떤 분이십니까? 그리고 저는 당신을 위해 어떤 존재입니까?"

인간은 자신의 원형인 하느님을 찾게 마련이다. 그래서 아우구스티누스는 하느님께 향한 인간의 정신적 여정을 자주 묘사했다. 이 움직임은 항상 외적인 것에서 내적인 것으로, 아래에서 위로 향하고 있다. 일반적으로 말하면, 변하는 것에서 불변의 것으로 향하고 있는 것이다.[92] 이는 세 기본 단계로 이루어지는데, '가시적인 세상에 물어보라', '자기 자신에게 돌아오라', '자기 자신을 초월하라'는 것이다. 인간은 하느님을 찾기 위해 먼저 자기 자신을 알아야 한다. 인간은 자신이 실존하고 생각하고 사랑하는 존재임을 통찰할 때 자기 자신을 알게 된다. 그러므로 인간은 존재, 진리, 사랑이라는 세 가지 길을 통해 하느님께 올라갈 수 있다. 아우구스티누스는 회의주의에서 벗어나기 위해 자아의식과 자아의지를 행사하는 가장 확실한 진리에서부터 출발하기를 좋아했다는 점에서 '자기 자신에게 돌아오라'는 둘째 길을 자주 이용했다.

아우구스티누스는 하느님의 모상대로 창조된 인간의 위대함에 감탄을 금치 못한다. 사실 그는 인간의 신비, 본성, 영성, 자유를 탐구했다. 그에게 인간은 "그윽한 심연"이며, "엄청난 수수께끼"다. 인간은 서로 모순되는 다양한 감정들과 헤아릴 수 없는 풍부한 기억력 때문에 하나의 심연이며, 고통과 죽음이라는 거대한 문제를 지니고 있기 때문에 하나의 거대한 수수께끼인 것이다. "내 하느님, 기억의 힘이 위대합니다. 무한하고 심오한 다양성에 무서운 마음까지 들게 합니다.

---

[92] 아우구스티누스 『고백록』 7,10,16.

이것이 내 영혼, 곧 나 자신입니다. 내 하느님, 그럼 나란 무엇입니까? 나의 본질이 무엇입니까? 나는 나 자신의 모든 것을 알아들을 수 없습니다."[93]

인간의 신비를 밝혀 주고 그 위대함을 드러내는 근본 요인은 인간이 하느님의 모상에 따라 창조되었다는 사실이다. 이 주제는 아우구스티누스 사상을 종합하는 것이라 할 수 있다. 그는 모상의 개념을 탐구했고, 이 하느님의 모상은 내적 인간, 곧 정신의 특성이며,[94] 불사不死의 영혼 본성 안에 깊이 새겨져 있다고 역설했다.[95] 또 인간은 하느님의 모상이기 때문에 하느님을 가까이 모실 수 있을 정도까지 고양될 능력을 지니고 있다는 것이다. 이는 죄로 인해 변형되기도 하지만, 은총으로 복원될 수 있다. 그래서 인간은 "하느님을 수용할 수 있고 그분께 동참할 수 있다는 점에서 하느님의 모상"[96]이다. 인간은 최고 본체인 하느님께 동참할 수 있기 때문에 위대하며, 하느님을 수용할 수 있기 때문에 하느님을 필요로 한다. 인간은 "이처럼 고귀하게 창조되었기 때문에 오로지 불변의 선善이신 하느님께 결합함으로써 행복에 이를 수 있으며, 하느님만이 이를 충족시킬 수 있다"[97]는 것이다. 이 때문에 아우구스티누스는 하느님께, "당신을 위해 우리를 만드셨기에 당신 안에 쉬기까지 우리 마음에 안식이 없나이다"[98]라는 고백을 할 수 있었다.

---

[93] 같은 책 10,8,15.

[94] 아우구스티누스 『삼위일체론』 12,7,12 참조.

[95] 같은 책 14,4,6 참조.   [96] 같은 책 14,8,11.

[97] 아우구스티누스 『신국론』 12,1,3.

[98] 아우구스티누스 『고백록』 1,1,1.

자유의지

'모상'이 '유사함'을 뜻한다면, 이는 하느님의 모상대로 창조된 인간은 하느님과 닮지 않은 점도 있다는 의미다. 아우구스티누스는 인간과 하느님의 만남에 관한 미묘한 문제를 서로 분리되지 않는 두 측면에서 보고 있다. 첫째, 신학적인 관점에서 그는 인간이 한 분이신 하느님의 모상일 뿐 아니라 삼위이신 하느님의 모상이라고 역설한다. 천주 성삼위의 관계에서처럼 인간 안에 "영과 사랑과 인식 등 셋이 있으나, 이 셋은 하나가 되며, 그것들이 완전할 때에 서로 동등하다"[99]는 것이다. 둘째, 인간학적 관점에서 그는 인간의 자유의지를 역설한다. 그는 인간의 자유의지를 부인하는 마니교를 논박할 때 이를 강경하게 변호했다. 개종하기 전, 이미 내적 싸움을 심각하게 체험한 그는 마니교를 논박하는 저서들에서 인간의 '자유의지'를 탐구의 대상으로 삼았다. 그는 마니교가 주장하는 대로 인간 안에 두 개의 영혼이 있는 것이 아니라, 하나의 영혼, 하나의 의지만이 있음을 깨닫고 이렇게 고백한다. "그렇게 원한 것도 저였으며, 원하지 않은 것도 저였습니다. 제가, 제가 그랬습니다. 이처럼 제가 적극적으로 원했는가 하면 동시에 적극적으로 원하지 않았던 것에서 저 자신과의 싸움이 생겨났던 것입니다."[100]

그는 후에 신자들에게 자신의 죄에 대해 핑곗거리를 찾지 마라고 하면서 이렇게 권고한다. "하느님은 자유의지를 갖춘 저를 창조하셨습니다. 죄를 지었다면 바로 제가 죄를 지은 것이지 운명이나 행운이나 마귀가 죄를 지은 것이 아닙니다."

---

[99] 아우구스티누스 『삼위일체론』 9,4,4.
[100] 아우구스티누스 『고백록』 8,10,22.

"우리의 의지가 우리 역량 안에 있지 않다면 의지가 아닐 것입니다. 실제로 의지가 우리의 역량 안에 있기 때문에 우리를 위해 자유로운 것입니다." 인간의 자유의지는 인간의 품위를 높여 주는 하느님의 선물이기에, 이에 상응한 책임을 져야 한다. 그런데 아담이 지은 죄의 결과로 모든 이가 원죄를 지니고 태어났다. 인간이 자기 결심과는 달리 나쁘게 행동하게 되는 것은 원죄로 인해 자유의지가 손상되었기 때문이다. 인간은 그리스도를 통해 구원을 받았지만, 자유의지를 어떻게 쓰느냐 하는 문제는 순전히 우리 자신의 몫이다. 아우구스티누스는 인간이 하느님의 모상대로 창조되었다는 성서의 가르침을 토대로 인간의 고귀함을 드높인 신학자다.

9. '은총의 박사' 아우구스티누스

이형우

아우구스티누스는 412년부터 430년에 선종하기까지 18년간 은총론, 자유의지론, 예정론에 관련된 펠라기우스 이단 논쟁에 개입했다. 그는 이 문제에 대해 가장 뛰어난 신학적 업적을 남겼기 때문에 교회는 그에게 '은총의 박사'라는 명칭을 부여했다. 아우구스티누스는 펠라기우스 이단을 논박하면서 은총론을 더욱 발전시켰다. 펠라기우스 이단의 요점은, 인간의 자유의지를 지나치게 강조한 나머지 하느님의 은총을 소홀히 하는 것이었다. 이보다 앞서 아우구스티누스는 391년에 사제가 된 후부터 399년까지, 한때 자신이 몸담았던 마니교를 논박하는 데 주력했다. 배타적 이원론에 기반을 둔 마니교는 구원받을 이들과 구원받지 못할 이들이 숙명적으로 결정되어 있다고 가르쳤기 때문에, 아우구스티누스는 이에 대항하여 인간의 자유의지를 강조해야 했다. 그는 마니교의 교설과 펠라기우스 이단 사이에서 극과 극을 달리는 상반된 주장들을 종합하고 조화를 이루는 '진리의 중도中道'를 고수하려

했다. 따라서 아우구스티누스의 은총론에 관한 저서들을 제대로 이해하기 위해서는 정반대되는 두 적대자를 논박한 시대적 배경과 대상을 구별할 필요가 있다. 아우구스티누스의 은총론은 이처럼 복합적이고 때로는 서로 모순되는 것처럼 보이는 점들이 많기 때문에 후대에 그의 가르침을 잘못 해석한 예들이 많았다. 사실 종교개혁자들인 마르틴 루터의 '믿음만으로'나 칼뱅의 예정론, 그리고 16세기부터 19세기까지 가톨릭 교회 안에 팽배했던 얀센주의 등이 모두 아우구스티누스에게서 영향을 받았다는 사실이 이를 입증한다.

아우구스티누스의 은총론의 요점

아우구스티누스의 은총론은 은총의 본질, 필요성, 효과, 무상성 등의 차원에서 살펴볼 필요가 있다. 은총은 하느님의 선의의 은혜고, 의화에만 한정되어 있지 않다. 은총은 율법이 명하는 것을 이해하고 의화에 이르게 하며, 의화 안에서 항구할 수 있도록 하는 하느님의 도우심이다. 은총은 선을 행하고 악을 피하고자 하는 의지에 방해되는 장애들을 없애 준다. 인간에게는 원죄의 결과에서 나온 장애가 두 가지 있으니, '무지와 나약함'이다. 이 중에서 '나약함'이 더 큰 장애인데, 은총은 이성이 우리의 자유의지를 인도해 주는 것 이상으로 우리를 도와준다. 그런데 하느님의 은총은 인간의 자유의지와 매우 미묘하게 연관되어 있기 때문에 어려운 주제다. 아우구스티누스도 이를 의식하여 다음과 같이 규명한다. "우리가 은총 때문에 자유의지를 없애려 한다는 말입니까? 절대 그렇지 않습니다. 우리는 자유의지의 가치를 더욱 확고히 합니다. 믿음 때문에 율법을 없애지 않고 오히려 그 가치를 바로 세우는 것처럼, 자유의지와 은총의 관계도 그러합니다. 율법을 지키는 것은 우리 안에 자유의지가 있기 때문입니다. 그런데 죄에 대한 인식은 율법에서 오며, 영혼이 죄의 악습에서 치유되는 것은 은총에서 옵니다. 또 자유의지의 해방은 영혼의 치유에서 오고, 자유의지의 해방에서부터 의로움에 대한 사랑이 오고, 의로움에 대한 사랑에서 율법의 준수가 옵니다. 그러므로 믿음 때문에 율법이 없어지는 것이 아니라 오히려 확립되는 것처럼, 은총은 의지를 치유하고 치유된 의지가 의로움을 사랑하게 됩니다."[101]

아우구스티누스는 인간의 자유와 하느님 은총의 효력이라는 두 가지 진리를 동시에 고수해야 한다는 취지에서 『은총과 자유의지』*De gratia et libero arbitrio*를 저술했다. 자유의지가 은총 때문에 제거되는 것이 아니라 오히려 도움을 받게 된다는 것이다. 그러므로 "너 없이도 너를 창조하신 분께서 너 없이는 너를 의화하지 않으신다. 알지 못하는 사이에 창조하신 분께서는 원하지 않는 자를 의화하지는 않으신다." 이 주제는 그리스도께서 재판관이시며 구원자시라는 그리스도론적 가르침과 연관된다. 선택의 자유와 은총의 유효성이 모두 확실하고 부인할 수 없는 진리라는 전제로 두 진리 사이의 조화를 찾는 것은 "지극히 어렵고 소수의 사람들에게만 이해 가능한 문제다"라고 시인했다. 왜냐하면 하나를 강조하면 다른 것을 거부한다는 인상을 주기 때문이다. 그래서 그는 비록 둘 사이의 조화를 명쾌하게 이해하지 못할지라도 문제의 핵심을 확고히 견지하라고 권한다.

---

[101] 아우구스티누스 『영과 문자』 30,52.

아우구스티누스는 예정론자인가?

아우구스티누스는 은총의 무상성을 옹호하다 보니 예정론의 문제를 심화하는 계기를 가지게 되었다. 그에 따르면, "예정豫定은 하느님의 예지豫知며, 하느님께서 은사들을 베푸시려는 준비다. 구원받은 모든 이가 이 은사들을 통해 구원받은 것이 분명하다".[102] 인간은 과거와 현재와 미래라는 시간 안에 살지만, 하느님에게는 늘 현재만 있을 뿐이다. 따라서 '예지'냐 '예정'이냐 하는 문제는 시간의 틀 안에 있는 인간 편에서의 문제에 불과하다. 이런 착각 때문에 이 문제는 그의 가르침들 중에 가장 논란이 많았다. 사실 아우구스티누스 당시의 여러 수도자들 — 반펠라기우스 이단 — 이 시작한 논쟁의 주제가 오늘날까지 계속되어 왔다. 역사적으로 많은 이들은 그의 가르침을 '예정론'의 의미로 알아듣고 해설했는데, 이것은 잘못이다.

아우구스티누스의 예정론을 올바로 이해하기 위해서는 다음의 네 가지 원칙을 염두에 두어야 한다: 첫째, 그는 "하느님은 세상 만물을 창조하시고 질서를 정하시지만 죄악만을 다스리시는 분"[103]이라는 보편적인 원칙을 제시했다. 그러므로 하느님은 단죄하실 수는 있지만, 죄악의 원인은 될 수 없다는 것이다. 둘째, 그는 예정과 예지를 구별하는데, 인간의 죄는 하느님께서 미리 내다보시는 예지의 대상은 되지만, 미리 정해 둔 예정의 대상은 아니라는 것이다. 셋째, 하느님은 정의로운 분이시기 때문에 죄 없는 이를 벌하시지 않는다. 넷째, 인간들에 대한 하느님의 사랑을 제일 잘 입증하는 것은

---

[102] 아우구스티누스 『항구함의 은사』 19,35.

[103] 아우구스티누스 『고백록』 1,10,16.

예수 그리스도인데,[104] 그분은 구원받지 못하는 이들을 포함해 모든 이를 위해 돌아가셨다. 그러므로 하느님은 모든 인류의 아버지시고 모든 이가 구원에 이르기를 원하신다. 이 결론은 너무나도 분명한데, 여러 시대에 있었던 예정론자들은 이러한 구원의 보편성을 부인했다.

---

[104] 아우구스티누스 『삼위일체론』 4,1,2.

XI

수도승 교부

1. 수도승 생활의 탄생

이연학

흔히 '교회의 꽃'이라 일컫는 수도 생활vita religiosa은 그 뿌리를 수도승 생활vita monastica에 두고 있다. 그러므로 수도승 생활의 기원을 살펴본다 함은 곧 수도 생활 일반의 기원을 살펴보는 일이 된다. 그리고 기원을 살펴본다 함은 그 본질과 교회 안에서의 위치를 가늠해 본다는 말과도 즉시 통한다.

그리스도교 수도승 생활의 기원 논쟁

교회 안에서 수도승들이 모습을 드러내기 시작한 것은 대략 200년대 중후반이라는 것이 대다수 사가들의 의견이다. 그런데 오늘날까지도 수도승 생활의 기원에 관해 마치 정설처럼 퍼져 있는 오해가 하나 있다. 이에 따르면, 교회사의 무대에 맨 처음 등장한 그리스도교 수도승들은 안토니우스를 필두로 한 이집트 사막의 '은세수도승'anachoreta이었다. 그중 몇이 헐렁한 공동체를 이루자 파코미우스가 이들을 조직하여 '공주共住수도승'coenobita이 등장했다. 그리고 얼마 후 바실리우스가 파코미우스계의 수도승 생활을 개혁하고, 그러는 동안 이집트의 이 수도승 생활이 당시의 그리스도교 세계 전체로 '수출'되었다는 것이다. 꽤 명망 있는 저술가들마저 그리스도교 수도승 생활의 기원이 이집트에 있다고 말하는 것을 오늘날도 더러 본다. 놀라운 일이다. 이집트의 중요성을 평가 절하할 수는 없지만, 수많은 사료들이 수도승 생활의 역사가 그렇게 단선적인 발전 과정을 거치지 않았음을 보여 주기 때문이다. 예컨대, 시리아와 메소포타미아, 소아시아와 갈리아(오늘날의 프랑스) 등에서의 수도승 생활에 관한 근래의 연구들은, 수도승 생활이 각각의 지역에서 대체로 독립적인 뿌리를 지니고 있음을 증언하고 있다.

엄밀히 말해서, 그리스도교 수도승 생활의 기원은 이집트 사막보다는, 이전부터 교회 안에 이미 존재하던 이른바 '전前-수도승 운동'pre-monachismus에서 찾아야 한다. 그리고 이 '전-수도승 운동'은 그리스도교 탄생을 전후로 지중해 문화권 전역과 근동 지역에 널리 퍼져 있던, 마치 시대 사조思潮와도 같았던 당대의 더 광범위한 수행 운동 맥락에 자리 잡고 있었음을 유념해야 한다. 그리스 철학자들의 신비적 수행 운동, 동양에서 유입된 종교들, 여러 영지주의 유파들, 마니교, '엔크라테이아'라 불리던 금욕 운동, 근동 지역 전체에 널리 퍼져 있던 세례 운동 등이 바로 이 사조의 흐름을 타고 활발히 움직이고 있었다. 이 중 마지막에 거론한 두 가지는 유대 계통의 수행 단체인 쿰란의 에세네파 공동체와 '치유자들'(테라페우테스)의 공동체에도 지대한 영향을 미쳤다. 이런 큰 수행 사조 속에서 이미 200년대 중반 이전에 초기 그리스도교 수행자들이 활동하고 있었던 것이다. 물론 이 시기에는 아직

'수도승'*monachos*(monachus)이란 용어도 문헌들 속에 거의 발견되지 않거니와, 뚜렷한 제도로 조직된 수도승 생활도 보이지 않는다. 그러나 지역에 따라 다양한 형태로 살면서 여러 이름으로 불리던 그리스도교 수행자들과 그들이 때로 형성하던 헐렁한 공동 생활은 독신獨身, 시편 기도, 단식 등 후대의 본격적인 수도승 생활의 중요 요소들을 이미 갖추고 있었다. 요컨대, 그리스도교 역사에 본격적으로 등장한 수도승 생활은 바로 이렇게 형성된 초세기 교회 내의 수행 운동을 모체로 탄생되었다는 것이다.

그런데 바로 이 대목에서 흔히 제기되는 질문이 있다. 이와 같은 탄생 배경을 지닌 그리스도교 수도승 생활의 실질적 기원이 복음이라기보다는 복음 외부의 철학·종교적 전통이 아닌가 하는 질문이다. 이런 문제의식에서 한때 '유대계 수행 운동 유입설', '헬레니즘 유입설', 인도 영향설, 특히 '불교 수도승 전통 유입설' 등이 나왔다. 주로 개신교 학자들에게서 나온 이 견해들의 공통점은, 직접적 증빙 자료가 없으면서 이미 형성된 부정적 가치판단으로부터 그리스도교 수도승 생활 전반을 재단하고, 그 기원에 관한 사료도 그런 각도에서 바라본다는 것이다. 반대로 지나치게 호교적 입장으로 흐른 나머지 "그리스도교 수도승 생활은 이런 외부적 요인들과는 전혀 관계 없었다"고 주장한다면 이 역시 진지하지도 정직하지도 않은 태도일 것이다. 모든 자료를 종합해 볼 때, 그리스도교 수도승 생활의 가장 중요한 원동력이요 뿌리가 되는 것은 복음이 제시하는 그리스도 추종Sequela Christi이라고 말할 수 있을 것이다. 요컨대, 초세기 수도승들은 자신마저 포함해서 모든 것을 포기하고 주님의 뒤를 따르라는 급진적인 초대를 복음 안에서 발견했고, 이 초대에 응답하는 과정에서 당대의 광범위한 문화·종교적 맥락에서 꽃피고 있던 몇몇 수행 방편들이 자연스레 채택 — 토착화! — 되었다고 볼 수 있는 것이다.

복음적 삶의 급진성

그리스도교 수도승 생활의 '소금기'는 바로 이 '급진성'radi-calism에 있다. 행여 발자국을 놓칠세라 예수 그리스도의 뒤를 바짝 좇아가며, 복음의 요구를 완화시키지 않고 에누리 없이 실천하는 데 있다. 수도승을 뜻하는 '모나코스'monachos란 그리스어의 어근이 '하나'monos인 것은 바로 그런 이유에서다. 그는 우선 자기 안에서 '하나'를 이룬 사람으로서(마음이 갈라지지 않음) 하느님을 만나 하느님과 '하나'를 이룬다. 그리하여 즉시 동료 인간들과도 심원한 차원에서 '하나'를 이루는 사람이다. 독신의 수행도 은둔의 수행도 모두 이런 '하나'를 이루기 위함이었다. 이런 단순함haplotes의 추구야말로 신구약을 면면히 꿰뚫고 흐르는 유대·그리스도교 윤리의 핵심이다. 본격적 수도승 생활은 세상으로부터 어느 정도 거리를 두는 것을 큰 특성으로 삼는다. 그 탄생과 성장은 밀라노 칙령(313)을 기점으로 교회의 세속화가 시작되는 때와 시기적으로 거의 겹친다. 이 사실 자체가 교회와 세상 안에서 수도자들의 역할이 어떤 것이어야 하는지를 웅변적으로 말해 주고 있다.

2. 안토니우스

노성기

생애

 안토니우스가 최초의 은수자도 아니고, 수도회를 창설하거나 수도 규칙을 만든 것도 아니지만, 그의 수도 생활은 초기 이집트 은수자들과 수많은 수도승들에게 모범이 되었고, 동서방 교회에 커다란 영향을 끼쳤다. 그래서 그는 '은수 생활의 창시자'로 널리 알려져 있다. 105세의 나이로 356년에 선종한 안토니우스의 축일은 1월 17일이다.

 안토니우스는 251년경 이집트 중부 헤라클레오폴리스의 부유한 그리스도교 가정에서 태어났다. 스무 살에 부모를 여읜 그는 어느 날 부자 청년에 관한 복음 말씀(마태 19,21 참조)을 듣고 나서 모든 유산을 가난한 사람들에게 나눠 주고, 빈 무덤 동굴에서 15년 동안 엄격한 은수 생활을 했다. 알렉산드리아에 박해가 들이닥치자, 알렉산드리아로 달려간 안토니우스는 감옥에 갇힌 신자들을 격려하면서, 자신도 순교자들의 대열에 들고 싶어 했다. 그러나 끝내 순교의 월계관을 허락받지 못한 그는 슬픈 마음을 간직한 채, 이집트 사막으로 되돌아가 '파스피르' 산악 지방에 있는 허물어진 옛 성터에서 20년 동안 은둔 생활을 했다. 많은 사람들이 안토니우스의 뛰어난 성덕과 그가 행한 수많은 기적을 듣고 찾아와 제자가 되었다. 제자가 된 은수자들은 각자 자신들의 움막에 살면서 주일과 축일에 함께 모여 성체성사를 거행하고 안토니우스의 지도를 받았다.

안토니우스는 은수 생활에 더욱 전념하기 위해 더 멀리 홍해 근처의 콜짐으로 들어갔다. 그는 아리우스 이단자들에 대항하여 정통 교리를 옹호해 달라는 아타나시우스 주교의 청을 받고 알렉산드리아로 간 일 외에는 죽을 때까지 사막을 떠나지 않았다.

수도승의 자세

비록 체계적으로 공부하지는 않았지만, 오랜 기도와 묵상을 통해서 안토니우스는 '하느님의 지혜를 지닌 사람', '은총과 품위를 지닌 사람'이 되었다. "하루는 철학자가 안토니우스를 찾아와서 물었다. '은수자님, 독서의 위로 없이 어떻게 고통과 싸워 이겨 낼 수 있습니까?' 안토니우스는 '자연이 바로 책입니다. 나는 자연을 바라보면서 하느님의 글을 읽습니다'라고 대답했다."[105] 안토니우스는 수도승이란 하느님의 종으로서 죽는 날까지 수덕 생활에 충실해야 한다고 강조한다. "우리는 그리스도의 종으로서 그분을 섬겨야 한다는 것을 명심해야 합니다. 종이 감히 어떻게 일하기 싫다고 이미

---

[105] 소크라테스 스콜라스티쿠스 『교회사』 4,23.

일한 기간을 따지거나, 어제 일했으니 오늘은 쉬겠다고 말할 수 있겠습니까? 오히려 복음서에 기록된 대로 매일매일 주님의 마음에 들도록 열심히 일해야 합니다. 마찬가지로 우리도 날마다 열심히 수도 생활을 합시다."[106] "아침에 일어나면, 저녁때까지 살지 못할 것이라고 생각해야 하고, 저녁에 잘 때는 아침에 깨어나지 못할 것이라고 생각해야 합니다. 왜냐하면 우리의 목숨은 단지 주님의 안배에 달려 있기 때문입니다."[107]

성서, 은수 생활의 길잡이

제자들이 안토니우스를 찾아와 "저희가 구원받을 수 있도록 한 말씀 해 주십시오" 하고 간청하자, 안토니우스는 "성서 말씀을 들어 보지 못했습니까? 여러분에게 필요한 것은 성서 말씀입니다"라고 대답했다. "사부님, 저희는 사부님으로부터 한 말씀을 듣고 싶습니다"라고 재차 간청하자, 안토니우스는 "복음서는 누가 오른쪽 뺨을 치거든 왼뺨마저 돌려대라고 합니다"라고 말하면서 성서의 중요성을 강조했다.

안토니우스와 수도승들이 은수 생활을 하는 데 성서는 가장 중요한 스승이었다. "항상 깨어 기도하라"는 주님의 말씀에 따라 은수자들은 시편 기도를 바치고, 하느님 말씀이 자신들 안에 육화될 수 있도록 성서 말씀을 암송했다. 안토니우스에게 기도는 하느님의 말씀에 젖어 드는 것이며, 마귀의 유혹을 이겨 내는 무기였다. 하느님 말씀에 전적으로 응답한 삶을 산 안토니우스는, 은수자란 두 주인을 섬길 수 없고 오직 하느님만을 섬겨야 한다는 것을 직접 몸으로 보여 주었다. 그는

---

[106] 아타나시우스 『안토니우스의 생애』 18.
[107] 같은 책 19.

항상 자신이 먼저 실천한 후 그것을 제자들에게 가르쳤다.

안토니우스는 그리스도 중심적인 영성, 곧 그리스도에 대한 사랑, 그리스도를 완전하게 닮는 것, 승리자인 그리스도의 은총, 마귀와 대결한 그리스도의 투쟁, 그리스도께 대한 신뢰심 등을 강조했다.

은수 생활의 목적

안토니우스에게 은수 생활은 하느님을 만나기 위한 수단이었다. 단순히 세상을 떠나 사막에 사는 것이 은수 생활의 전부는 아니었다. 하느님 안에 머물기 위해서 안토니우스는 '듣는 것의 유혹', '보는 것의 유혹', '말하는 것의 유혹'에서 벗어나려고 노력했다. 그래도 마지막까지 남는 것은 마음이었다. 그래서 안토니우스는 수도승에게 필수적인 참된 독서는 '마음의 독서'라고 강조했다. 마음을 지키는 것이 수도 생활의 중심이며, 수행은 마음의 평화에 도달하기 위한 하나의 특전적인 도구다.

사막에서 은수 생활을 하는 수도승들의 목표는 하느님과 일치를 이루는 것이며, 이를 위해 수도승들은 자신을 유혹하는 수많은 마귀의 유혹을 극복하고 하느님 말씀에 귀 기울여야 한다는 것이 안토니우스의 가르침이었다. 왜냐하면 수도승은 오시는 주님을 잘 맞이하기 위해 철저하게 준비하고 있어야 하기 때문이다.

성서를 보면, 사막은 하느님의 은총과 마귀의 유혹이 동시에 공존하는 장소다. 하느님께서 이스라엘 백성과 계약을 맺으셨던 장소가 바로 사막이며, 불모의 땅, 죽음의 땅으로 마귀의 유혹이 득실대는 장소도 또한 사막이다. 은수자들은 그리스도처럼 마귀를 물리치기 위해 사막으로 가는 '그리스도의 투사'였다. 철저한 은수 생활을 통해 마귀와의 투쟁을 이긴 은수자들은 마침내 하느님을 만났다. 안토니우스는 기도와 하느님께 대한 신뢰라는 무기로 사막의 시련을 통해 하느님을 만났고 수많은 수도승들의 영적 사부가 되었다.

3. 파코미우스

하성수

독거수도 제도와 공주수도 제도

수도 제도가 생겨나면서 그리스도교적 삶의 특수한 형태가 나타난다. 이러한 현상이 언제 시작되었는지를 확정하기란 어려운 일이다. 그렇긴 해도 수도 제도의 창시자는 안토니우스와 파코미우스임은 분명하다. 독거수도 제도 — 은수자로 사막에서 홀로 수도 생활을 하는 제도 — 는 3세기 후반에 이집트에서 처음 생겨났다. 이곳 사막의 독거수도승들은 복음의 정신을 철저히 따르고 오로지 그리스도만을 위해 살고자 재산은 물론 사회적 교류까지도 포기했다. 그러나 독거수도승 생활은 자체에 위험을 내포하고 있었다. 사막이라는 극단적 상황에서 영적 생활은 실패할 수 있었고, 경쟁 삼아 금욕하다 파멸하는 수도승도 있었다. 또한 통제 없는 생활이 영적인 진전을 방해하기도 했다.

이 모든 것을 통찰하고 미래지향적으로 변화시킨 인물이 파코미우스(292~346)였다. 그는 경험으로 체득한 독거수도 제도의 위험을 피하면서, 은수자 생활에는 적응할 수 없지만 금욕 생활을 하려는 많은 그리스도인에게, 공동체에서 공동으로 수도 생활을 할 수 있는 기회를 주고자 했다. 이러한 공동의 수도 생활은 이전에도 있었다. 그러나 파코미우스는 자신의 조직력과 추진력을 발휘하여 수도 생활을 조직화했다.

생애와 수도원 생활

파코미우스는 3세기 말경 상부 테베 지방 이교인 가정에서 태어났다. 그는 군인이 되었는데 그리스도인들의 아낌없는 자선 행위를 보고 그리스도교로 개종했다. 그는 군을 나온 뒤 세례를 받았으며 처음에는 사회복지 활동에 전념했다. 그 뒤 몇 년간은 경험 많은 팔라몬의 지도를 받는 은수자로 살았다. 320년경, 그는 타벤네시로 가는 길에 하늘로부터 계시를 받았다고 한다. "여기에 머물러 수도원을 세워라. 수도승 되려는 많은 이가 너에게 올 것이다." 파코미우스가 창립한 공동체에서 새로운 점은 무엇보다도 '규칙서'였다. 파코미우스 규칙서의 토대이며 모든 사항의 기준이 되는 것은 성서였다. 규칙서에는 과장된 단식, 노동, 기도 또는 외부 세상과 단절을 표현한 과장된 내용도 없으며 서원도 없다.

수도원은 하나의 담으로 둘러싸여 있고, 문지기 집을 통해서만 수도원으로 들어갈 수 있다. 그 중앙에 공동으로 미사를 드리는 공간과 모든 수도승이 함께 식사하는 식당이 있다. 수도승들은 저마다의 소명에 따라 더 작은 무리로 나뉘어 20명 가량이 한 명의 장상 아래 독자적인 집에서 살았다. 수도승들은 생계를 해결하기 위해 직접 노동을 했는데, 노동은 거대한 수도 공동체를 경제적으로 꾸려 가기 위해서만이 아니라 개인의 영적 발전을 돕는 것으로 높이 평가되었기 때문이다.

파코미우스 수도원의 근본 원칙은 거룩한 친교였다. 파코미우스 자신은 의도적으로 원시교회의 공동체를 이상으로 삼았다. 형제들을 섬기고 자신의 구원을 향상시키는 것이 모든 행동의 최고 규범이었다. 새로 들어온 사람은 누구나 규칙서의 정신과 파코미우스의 근본 원칙을 늘 마음에 새겨야 했다. 지원자는 문지기 수사에게 신고하고 수도원 문 옆에 있는 손님방에서 며칠을 살았다. 그는 주님의 기도, 스무 개의 시편, 두 편의 신약성서 편지 등을 외워야 했다. 그 뒤 시험을 통과하면 수도복을 받고 수도승이 되었다. 당시 많은 은수자들처럼 성서를 멀리하는 것은 파코미우스 수도원에서는 더 이상 용납되지 않았다. 모든 수도승은 성서의 여러 부분을 외워야 했고, 하고 싶지 않아도 읽기를 배워야 했다. 그 밖의 지적인 관심사에 관한 규정도 있었다. 무지와 무식은 파코미우스에게 수도승의 이상이 아니었다. 수도원의 하루 일과에는 성서 읽기와 묵상이 필수 요소였다.

수도승들은 모든 것을 함께했다. 모든 수도승이 평등하다는 것, 곧 같은 권리와 의무를 지닌다는 것이 파코미우스 공주수도 제도의 기본 방침이다. 이는 의복, 음식, 노동, 영적 훈련뿐 아니라 은수자들에게 종종 기이하게 만연된 금욕적 경향 — 은수자들은 할례를 받고 견딜 수 있을 정도까지 생식기를 조였다 — 에도 적용되었다. 이와 같이 모든 것을 함께하는 생활 형태는 완전한 무소유와 수도원장에 대한 무조건적인 순종을 전제했다. 수도승들은 가난하게 살았지만 자신을 책임져야 했다. 이 때문에 삶에 최소한 필수적인 것, 자그마한 움막, 약간의 농기구, 가구를 마련해야 했다. 파코미우스는 수도원의 모든 소유물을 그리스도의 재산으로 여겼으며, 필수품은 그리스도께서 각자에게 나누어 주는 것이라 이해했다.

규칙서에 나타나는 최고의 덕은 순명이다. 순명은 개인의 영웅 행위가 아니라 공동체를 이루고 유지하는 역할을 했다. 수도원은 각 수도승의 가난으로 부유해지고 맹목적으로 복종하여 스스로 책임을 지지 않는 위험도 안고 있었다. 맹목적 복종에 관한 몇몇 이야기도 전해진다. "요한 클로보스는 스케티스로 되돌아가 은수자 생활을 했다. 그때 아빠스가 마른 나뭇가지를 잡아 땅에 심고서는 열매를 맺을 때까지 그 나뭇가지에 매일 한 양동이의 물을 주라고 말했다. … 삼 년 뒤 나무가 살아나 열매를 맺었다. 노인은 열매를 따 집회 때 가져와 형제들에게 '복종의 열매를 받아먹어라' 하고 말했다."[108]

7,000여 명 입회

파코미우스가 살아 있는 동안에도 새로운 형태의 이 수도 제도는 급속히 퍼져 나갔다. 곧, 타벤네시의 수도원이 너무 비좁아져 일부 수도승은 나일 강 하류에 자리한 파바우로 이주했다. 다른 수도원들이 파코미우스 수도원 연합에 받아 줄 것을 청했다. 마침내 아홉 개의 남자 수도원과 두 개의 여자 수도원 — 그 가운데 한 곳은 파코미우스의 누이가 책임자였다 — 으로 이루어진 수도원은 파코미우스의 지도로 수도원 연합(거룩한 코이노이아)을 이루었다. 파코미우스가 살아 있을 때만도 그의 수도원에 입회한 수도승이 7,000명이나 되었다

---

[108] 팔라디우스 『라우수스 역사』 32.

고 한다. 이러한 새로운 형태의 수도 생활은 곧바로 다른 지역으로 전파됨으로써, 수도 제도는 교회의 구성 요소가 되고, 고대 후기와 중세 초기 사회의 확고한 제도로 자리 잡게 되었다. 이미 술피키우스 세베루스에 따르면 수도원은 교회의 실재였다. 또한 『스승의 규칙서』*Regula magistri*는 이 세상에서 하느님의 집이 교회 공동체와 수도 공동체에서 실현된다고 보았다.

4. 폰투스의 에바그리우스

이연학

사막의 철학자

에바그리우스는 345년경 흑해 연안 폰투스에서 태어났다. 바실리우스에게서 독서직을 받고, 그 후 나지안주스의 그레고리우스의 제자가 되어 그에게서 부제품을 받았다. 381년 그레고리우스와 함께 콘스탄티노플 공의회에 참석하여 삼위일체 교의의 형성에 공헌했다. 이때 주교의 요청으로 그는 콘스탄티노플에 머물다가 그곳 고위 관료의 부인과 깊은 사랑에 빠지게 된다. 이 위태로운 로맨스를 계기로 유능한 신학자요 전도양양한 성직자이던 그의 인생은 극적인 전기를 맞이하게 되었다. 이 상황 한가운데에서, 그는 모든 것을 포기하고 콘스탄티노플을 떠나 수행의 생활로 접어들었던 것이다.[109] 우선 예루살렘에 있던 멜라니아와 루피누스의 수도원으로 간 그는 멜라니아의 영향으로 결국 383년 이집트의 사

---

[109] 팔라디우스 『라우수스 역사』 38.

막에 정착했다. 그리하여 나머지 인생을 수도승으로 살았다. 그는 이전부터 사막에서 구전으로 내려오던 수도승 전통과 그리스 철학의 전통을 통합하여 독특한 자기만의 스타일로 많은 저술을 남겼다. 저술의 많은 부분을 구성하는 '단장'短章은, 스승의 '한 말씀'에 의존하는 사막 수행 전통과 세련된 그리스 철학을 결합하는 훌륭한 도구가 되어 주었다. 후에 '사막의 철학자'란 별명으로 불린 그는 불행히도 사후 오리게네스 논쟁에 연루되어 단죄를 받았다. 그러나 기도와 영적 여정에 관한 그의 가르침은 이후 동서방 교회의 수도승 전통과 신비주의 전통에 결코 지울 수 없는 흔적을 남겨 놓았다.

영적 여정의 단계: '수행' 단계

에바그리우스는 영성 생활의 여정을 크게 '수행'*praktike*과 '영지'*gnostike* 둘로 나눈다. 더 흔한 표현으로, 앞의 것은 '활동'에 해당하고 뒤의 것은 '관상'에 해당한다. 수행은 육체에서 오는 정념情念(*pathos*)의 정화淨化를 목적으로 한다. 곧, 영혼을 어지럽히는 내적 세력 내지 소음들, 혹은 그것들의 원인이 되는 (더 현대적인 표현으로는 그것들의 인격화인) '마귀'들과 벌이는 영적 투쟁의 여정이 바로 수행이다. 에바그리우스는 이 여정에서 하느님을 찾는 사람이 대면하게 되는 여러 가지 내면의 충동들을 분석하고 그 메커니즘을 묘사하는 데 놀라운 수완을 발휘했다. 그는 사람을 괴롭히는 내면의 모든 세력들을 '여덟 가지 악한 생각'으로 요약한다. 순서대로 설명하자면 이렇다:

수행자가 사막에서 제일 먼저 마주치는 내면의 적은 '탐식'이다. 그다음은 '성적 탐닉'이며, '소유욕'(인색)이 그 뒤를 잇닌다. 이 세 가지는 한마디로 육신을 지닌 모든 존재가 기본적으로 지니는 욕망이로되, 사막이란 상황에서 극단적으로 증폭되어 사람을 괴롭히는 세력들이다. 다음으로 오는 것은 '슬픔'이다. 이것은 앞의 욕망들을 채우지 못하는 데서 오는 좌절감이나 무력감과 관계가 깊다. 또한 많은 경우 자기에게 없는 것을 지닌 타인들과 스스로를 비교하는 데서 생긴다. 그래서 이 '슬픔'이라는 동전의 뒷면은 바로 '시기·질투'가 된다. 그다음은 '분노'다. 욕망들을 원하는 대로 채우지 못할 때, 슬픔의 시기가 지나면 분노가 치밀게 되어 있다. 그 뒤를 잇는 것이 유명한 '아케디아'인데, 현대어로는 사실상 번역이 불가능한 단어다. 이것은 권태·절망·무기력·우울 등의 심리적 위기 상태를 다 포함하며, 사람을 자살로 이끌기도 하는 치명적 힘이다. 에바그리우스는 아케디아를 은수자들의 가장 큰 적으로 꼽으면서, 태양이 머리 바로 위에 걸리는 정오 무렵에 그 병증이 가장 심각해진다고 해서 '정오의 마귀'라고 일컫는다. 그의 묘사에 따르면, 아케디아에 시달리는 수도승은 자기 암자에서 안절부절못하고 자주 해시계를 쳐다보며 (시간이 너무 느리게 간다고), 혹시 손님이라도 찾아와 주지 않나 하는 바람으로 수시로 봉창을 열어 밖을 내다본다. 몸은 독방에 있어도 마음은 온 세상을 떠돌아다니는 상태라는 것이다. 다음에 오는 것이 '허영' 혹은 공명심이다. 이것은 자기의 역할이나 기능이 바로 자기 자신이라고 믿게 하여, 타인의 인정과 긍정적 평가에 악착같이 집착하며 언제나 좋은 인상으로 각인되고자 전전긍긍하게 한다. 마지막은 '교만'으로서, 자기를 모든 이의 위에, 그리고 온 세상의 중심에 놓는다. 그래서 늘 남을 통제하고 지시하며 가르쳐야만 직성이 풀리는데, 이로써 결국 자기를 하느님의 자리에 가져다 놓게 되는 것이다. 이 '여덟 가지 악한 생각'에 관한 그의 가르침은 후대에 요한 카시아누스를 거쳐 '칠죄종'의 교리로 정착하여 오늘까지 전해 온다.

영적 여정의 단계: '영지' 단계

악한 생각들과의 영적 투쟁인 이 수행 단계의 말미에 도달하게 되는 지점을 에바그리우스는 '아파테이아'(내적 자유)라 일컫는다. 이것은 내면의 애착이나 충동들로부터 자유로워진 상태로서, 여기서 참된 '사랑'(아가페)의 능력이 비로소 꽃피게 된다. 그리고 바로 이 지점이 영적 생활의 두 번째 단계, 곧 '영지'靈智가 시작되는 출발점이다. 깨끗해진 마음의 눈을 지녔기에, 이제 도처에서 하느님을 뵈옵게 되는 관상의 여정이 본격적으로 시작된다는 것이다. 이 영지 혹은 관상의 여정은 자연을 통해 하느님의 현존을 감지하는 단계 physike를 지나, 삼위일체 신비의 한복판에서 벌거벗은 신성을 직접 뵈옵는 단계로 나아간다고 한다. 이 마지막 단계를 그는 '테올로기케'라 불렀다. 이처럼 에바그리우스에게 '신학'theologia은 책상머리에서 학자들이나 하는 지성적 작업을 훨씬 뛰어넘어, 영적 생활의 최심부最深部에 자리 잡은 어떤 것이었다. 그가 남긴 한 단장은 천육백 년의 세월을 뛰어넘어 오늘날의 우리에게도 여전히 우렁우렁한 목소리로 다가온다. "그대가 신학자라면, 그대는 정녕 기도할 것이다. 그대가 정녕 기도하고 있다면, 그대는 신학자다."[110]

---

[110] 에바그리우스 『기도』 61.

5. 요한 카시아누스

최원오

그리스도교 수도승 생활은 동서방을 가리지 않고 널리 퍼져 나가, 4세기경에는 웬만한 젊은이라면 한 번쯤은 꿈꾸어 보는 매력적인 삶으로 자리 잡게 되었다. 수도승 생활 역사는 각 지역이 대체로 독립적인 뿌리를 지니고 있었으나, 요한 카시아누스 안에서는 동방과 서방의 두 물줄기가 하나의 큰 강물을 이루게 되었다.

다양한 수도승 생활 체험

　요한 카시아누스는 360년경 스키티아(오늘날 루마니아)의 부유한 그리스도교 가정에서 태어나, 어릴 때부터 훌륭한 고전 교육을 받았고, 라틴어와 그리스어를 완벽하게 구사할 줄 알았다. 일찍이 청년 시절(378~380년경)에, 친구 게르마누스와 함께 팔레스티나에 가서 베들레헴 수도원에서 공동체 생활을 했다. 거기서 몇 해를 머문 다음, 더 깊은 영성 생활을 추구하며 사막 교부들의 가르침을 들으려는 열망으로 이집트로 건너갔다. 이곳에서 여러 해 머무는 동안 숱한 수도원을 방문했고, 유명한 은수자와 수도승들의 가르침을 들었다. 사막의 철학자 폰투스의 에바그리우스를 만난 것도 바로 이때였다.

오리게네스 논쟁이 벌어지기 시작한 무렵, 카시아누스와 친구 게르마누스는 콘스탄티노플에서 교회 개혁가이며 유명한 설교가인 요한 크리소스토무스 총대주교를 만났다. 요한 크리소스토무스는 게르마누스에게 사제품을 주었고, 요한 카시아누스에게 부제품을 주어 교회 재산 관리를 맡겼다(399).

그러나 알렉산드리아의 모사꾼 테오필루스 총대주교와 에우독시아 왕후의 모함으로 말미암아 요한 크리소스토무스는 콘스탄티노플 총대주교좌에서 쫓겨나 귀양살이를 떠나게 되었다(403년경). 그러자 카시아누스와 게르마누스는, 콘스탄티노플 교회 성직자들과 신자들이 요한 크리소스토무스를 변호하여 쓴 편지를 교황 인노켄티우스 2세에게 전하기 위해서 로마에 갔다. 요한 카시아누스는 그때부터 십여 년 가까이 로마에 머물면서 사제품을 받았고, 장차 교황이 될 대 레오와 깊은 우정도 나누었다.

동방과 서방 수도승 전통의 통합

친구 게르마누스가 세상을 떠나자(415년경), 요한 카시아누스는 갈리아 지방 마르세유에 가서 두 개의 수도원을 세웠는데, 성 빅토르 남자 수도원과 성 살바토르 여자 수도원이 그것이다(415~416).

이집트 사막에서는 주지하다시피 '독거수도승'獨居修道僧 생활이 활짝 꽃피어 있었고, 당시 서방교회에서는 더불어 공동체를 이루고 살아가는 '공주수도승'共住修道僧 생활이 발달해 있었다. 카시아누스는 동방 수도승 전통을 서방 수도승 생활의 토양에 옮겨 심고자 했다. 곧, 공주수도승 생활에 독거수도승 생활의 핵심 요소를 통합하려 했던 것이다. 이 까닭에 카시아누스의 저술들은 서방뿐 아니라, 동방 수도 규칙에도 깊은 영감을 주었다. 동방과 서방의 장점들을 두루 아우르는 수도승 생활을 추구했던 카시아누스가 일흔다섯의 나이에 삶을 마감하자(435), 그의 빼어난 영성과 성덕은 수도승들과 그리스도인들 사이에 더욱 널리 퍼져 나갔다. 그가 남긴 작품들은 수많은 수도승들의 사랑을 받는 필독 영적 독서가 되었고, 오늘날까지도 고스란히 전해지고 있다.

수도승 생활의 길잡이

카시아누스의 대표적인 작품으로는 『제도집』*Institutiones*과 『담화집』*Collationes*이 있다. 이 두 작품은 카시아누스가 동방, 특히 이집트에서 받은 영적 가르침을 서방교회의 상황에 맞게 풀어쓴 것이다. 이 작품들은 수도승 생활의 길잡이로 동방과 서방 교회에 두루 엄청난 영향을 미쳤다. 특히 오늘날 널리 퍼져 있는 『베네딕도 규칙서』*Regula Benedicti*는 카시아누스의 가르침에서 결정적인 영향을 받은 것이다.

『제도집』은 마르세유 지방의 주교 카스토르의 요청에 의해 씌어진 수도 공동체 생활의 길잡이다. 『공주수도승 생활 제도집』*De institutis Coenobiorum*이라는 별칭도 지닌 이 작품은 모두 열두 권으로 구성되었다. 첫 네 권은 수도승들의 복장(1), 이집트 수도승 전통에 따른 밤기도와 찬미가 규정(2), 팔레스티나와 메소포타미아 전례에 따른 낮기도와 찬미가 규정(3), 공동체 생활과 수도승의 덕행(4)을 다루고 있다. 제5권부터

12권까지는 에바그리우스의 노선에 따라, 여덟 가지 큰 악습을 다루고 있다: 탐식gastrimargia, 성적 탐닉fornicatio, 인색avaritia, 분노ira, 슬픔tristitia, 권태acedia, 허영심cenodoxia, 교만superbia. 이런 악습에서 벗어나 깨끗한 마음을 지니는 것이 영성 생활에 필수적인 까닭에, 카시아누스는 이런 악습을 치유할 수 있는 방법들을 자상하게 들려주고 있다.

『담화집』은 『제도집』을 보충하기 위하여 씌어진 것이다. 『제도집』이 공주수도승들을 위한 것이라면, 『담화집』은 독거수도승들을 위하여 저술된 것으로서, 모두 스물네 권으로 구성되어 있다.

수도승은 사랑의 사람

요한 카시아누스는 수도승들을 위한 지침서들을 저술했지만, 그 저술들의 핵심은 언제나 사랑이다. 제아무리 수도 규칙과 기도 생활을 철저하게 지키고 금욕적인 삶을 충실히 살아간다 할지라도, 사랑이 없으면 아무것도 아니라는 것이다. 수도승이란 곧 사랑의 사람이며, 사랑을 살아가는 사람이기 때문이다. "단식과 철야기도, 성경 공부, 재산이나 세상의 모든 것을 포기하는 일 따위는 완덕이 아니라, 완덕에 이르기 위한 도구입니다. 그러므로 단식과 철야기도, 성경 공부, 가난 등을 자랑하는 것은 쓸모없는 일입니다. 사랑을 완성한 사람이야말로 자기 안에 하느님을 모신 사람이며, 그의 정신은 언제나 하느님과 함께 살아갑니다."[111]

---

[111] 요한 카시아누스 『담화집』 1.

XII

교부 시대의 해거름

1. 네스토리우스

노성기

테오토코스 논쟁

　네스토리우스(381년경~450년 이후)는 마리아를 '테오토코스'(천주의 모친)라고 부르는 것에 반대하여 에페소 공의회(431)에서 단죄받았다. 그는 안티오키아에서 교육받은 수도사제였다. 콘스탄티노플 총대주교좌가 공석이 되자(427.12.), 후임 총대주교좌를 놓고 시데의 필리푸스와 프로클루스가 극한대립을 보였다. 황제는 콘스탄티노플 출신이 아니면서 영성이 깊고 설교가로서 명성이 자자한 네스토리우스를 추천하여, 네스토리우스가 콘스탄티노플의 총대주교가 되었다(428.4.10).

　총대주교 네스토리우스는 마리아를 '테오토코스'(천주의 모친)라고 부르기보다는 '크리스토토코스'(그리스도의 모친)라고 불러야 한다고 주장했다. 아울러 '테오토코스'라는 칭호를 사용하려면, '안트로포토코스'(사람의 모친)라는 칭호를 함께 사용해야 한다고 주장했다. 그러자 알렉산드리아의 총대주교(412~444) 치릴루스가 이 문제에 개입했다.

알렉산드리아 학파와 안티오키아 학파의 갈등

치릴루스가 네스토리우스 문제에 개입한 데는 몇 가지 이유가 있었다. 첫째, 신학적인 전통에서 치릴루스는 알렉산드리아 학파에 속했고 네스토리우스는 안티오키아 학파에 속했다. 알렉산드리아 학파는 그리스도의 위격이 지닌 신성을 강조했다. 그러나 그리스도의 인성을 무시하는 경향이 있었다. 이에 반해 안티오키아 학파는 그리스도의 인성을 강조했으나 그리스도 위격의 일치성인 신성을 무시하는 경향이 있었다.

둘째, 신학적인 전통과 권위를 자랑하는 알렉산드리아의 총대주교는 동로마제국의 새로운 수도가 된 콘스탄티노플의 총대주교에게 경쟁의식을 가지고 있었다. 그래서 알렉산드리아의 총대주교는 콘스탄티노플 총대주교의 권한을 약화시키려고 했다. 셋째, '테오토코스'를 반대하는 네스토리우스가 알렉산드리아 학파의 눈에는 예수의 신성을 부인하는 것처럼 보였다. 넷째, 428년경에 네 명의 알렉산드리아 성직자들이 테오도시우스 2세 황제에게 피신 와서, 치릴루스가 자신들에게 부당한 처사를 했다고 고발하자 황제는 이 사건을 네스토리우스에게 처리하라고 위임했다. 그런데 치릴루스는 갑자기 세력이 커진 콘스탄티노플의 총대주교가 감히 알렉산드리아 총대주교의 행동에 대해 재판하는 것을 원치 않았다. 이처럼 신학적인 이유와 정치적인 이유가 결부되어 네스토리우스 논쟁이 발생했다.

네스토리우스에 대한 단죄와 추방

네스토리우스는 에페소 공의회에서 단죄를 받았다. 며칠 뒤에 안티오키아의 요한 일행이 뒤늦게 에페소에 도착하여,

또 다른 대립 공의회를 소집하여 치릴루스와 에페소의 주교 멤논을 단죄했다. 그러자 교황사절단은 안티오키아의 주교 요한과 지지자들을 단죄했다. 치릴루스와 네스토리우스가 황제에게 탄원하자 황제는 세 사람 — 치릴루스, 멤논, 네스토리우스 — 을 모두 해임하고 감옥에 가두었다. 시민들이 동요하자, 황제는 치릴루스와 멤논을 석방하고 네스토리우스를 추방시켰다.

네스토리우스는 자신이 기거했던 옛 수도원에서 4년 동안 (431~435) 지내다가 아라비아로, 그리고 이집트 프톨레마이스에 있는 오아시스로 추방되었다. 20세기 초에 시리아어로 된 『헤라클리데스의 책』Liber Heraclidis이 발견되었는데, 이 책은 네스토리우스가 자신의 이름만 들어도 싫어하는 사람들이 자신의 책을 읽어 보지도 않고 불태워 버릴 것을 염려하여 익명으로 쓴 것이다.

레포리우스 사건과 역사적인 교훈

네스토리우스 문제와 똑같은 문제가 서방에서 먼저 발생했다. 그 결과, 레포리우스가 단죄를 받았다. 아프리카로 도망간 레포리우스는 아우구스티누스를 만났다. 레포리우스는 아우구스티누스의 도움을 받아 이단에서 풀려나 다시 교회로 되돌아왔다. 황제는 아우구스티누스에게 에페소 공의회 초청장을 보냈으나 이미 아우구스티누스는 죽은 뒤였다. 만일 아우구스티누스가 에페소 공의회에 참석했더라면, 네스토리우스 문제는 어떻게 되었을까?

네스토리우스는 유배지에서 테오토코스의 칭호를 인정했다. 하지만 문제가 악화되기 전, 비판자의 주장을 경청하여 현명하게 신학적인 사고를 함으로써 자신의 독단적인 주관에서 벗어났어야 했는데, 그렇게 하지 못한 책임이 그에게 있었다. 신학자는 자신의 사고와 사상만이 옳다고 독단적으로 주장해서는 안 된다. 항상 반대자의 비난에 대해서도 경청해야 한다. 왜냐하면 유한한 인간이 하느님의 절대적인 진리에 접근하는 데에는 여러 가지 방법과 길이 있기 때문이다. 자신의 방법과 주장만을 절대시한다는 것은 하느님의 초월성을 인간의 사고와 범주로 제한하는 결과가 된다. 네스토리우스 문제는 신학자들의 자세와 태도에 대해 많은 것을 묵상케 한다.

교회가 단죄라는 서슬 푸른 칼날을 휘두르는 것만이 문제 해결을 위한 능사는 아니다. 오히려 교회는 항상 인자하신 하느님의 사랑으로 형제애를 발휘하여 이해하고 감싸 주도록 노력해야 할 것이다. 아우구스티누스는 말한다. "인간이 그르친다면 우리는 그의 잘못만을 꾸짖어야 한다. 그러나 인간 자체는 언제나 사랑해야 한다. 그리고 단죄는 결코 복수가 되거나 잔혹해서는 안 되고 반드시 정의의 안목으로 절제되어야 한다."[112]

네스토리우스는 이단으로 죽어 가면서까지 정통 그리스도교를 사랑하고 또 정통 그리스도교 안에 남아 있고자 했다. "나는 죽을 때까지 정통 그리스도교 노선을 포기하지 않을 것이다. 비록 모든 사람들과 심지어 정통 그리스도교가 무지 때문에 나를 거슬러 싸우고, 또한 내 말을 들으려고도 하지 않고, 이해하려고도 하지 않는다 해도 말이다."[113]

---

[112] 아우구스티누스 『마니교도 아디만투스 논박』 17.

[113] 네스토리우스 『헤라클리데스의 책』 95.

2. 키루스의 테오도레투스

하성수

생애

테오도레투스는 393년 안티오키아에서 부유한 그리스도교 집안의 독자로 태어났다. 그의 부모는 결혼 후 16년간 아이가 없다가 은수자 마케도니우스의 기도 덕에 아이를 가지게 되었다. 부모에게 테오도레투스는 이름 그대로 '하느님의 선물'이었다. 그의 부모는 안티오키아 근방의 은수자들을 자주 방문했다. 이러한 가정의 영적 분위기는 그의 종교적 자의식을 일찍 일깨웠다. 테오도레투스는 16세에 독서자가 될 정도로 어린 시절부터 성서에 통달했다. 그의 교육 수준에 대해서는 거의 언급이 없다. 그러나 그의 작품이나, 토착 시리아인에게 문화어요 교양어인 그리스어에 정통했다는 사실로 미루어, 그가 제반 교육을 철저히 받았음을 짐작할 수 있다.

부모가 죽은 뒤 테오도레투스는 수도 제도에 관심을 기울여, 재산을 팔아 가난한 이들에게 나누어 주고 시리아의 아파메아 근방에 있는 니케르타이 수도원에 들어갔다. 그곳에서

6년간을 지내다가 423년에 에우프라텐시스 지방에 있는 키루스의 주교로 임명된다. 이 직무를 맡은 초기에 그는 자신의 교구 내 수많은 이단자들을 정통 신앙으로 다시 이끌기 위해서 끊임없는 논쟁에 온 힘을 기울였다. 네스토리우스 논쟁이 한창일 때 그는 이미 신학자요 성서에 정통한 학자로 명성이 드높아, 안티오키아의 주교 요한(†441)은 그에게 알렉산드리아의 주교 치릴루스가 네스토리우스에게 보낸 파문문을 반론해 줄 것을 요청했다. 그는 431년 에페소 공의회에서 안티오키아 측의 대변인 역할을 하다 안티오키아인들과 함께 파문되었다. 그는 433년 안티오키아 일치정식의 초안을 작성했지만, 네스토리우스와의 우정 때문에 이 정식을 받아들이기를 거부했다. 438년, 치릴루스가 이미 죽은 안티오키아 학파의 거장 타르수스의 디오도루스와 몹수에스티아의 테오도루스를 네스토리우스주의의 선구자라고 비난하자, 테오도레투스는 그들을 변론하는 작품을 저술했다. 이후 몇 년간 평화는 유지되었지만 긴장감은 여전히 감돌았다.

알렉산드리아 학파와 안티오키아 학파의 그리스도론 논쟁은 콘스탄티노플의 장로이자 수도원장인 에우티케스가 극단적인 단성설을 주장하면서 다시 불붙었다. 이 논쟁에서 테오도레투스는 에우티케스와 그의 추종자들, 그리고 치릴루스의 후임으로 알렉산드리아의 총대주교가 된 디오스쿠루스(†454)에게서 악의에 찬 집중 공략을 받았으며, 황제의 처분에 따라 그의 교구에서 추방되고 마침내 449년 강도强盜 교회회의에서 단죄되었다. 이 때문에 그는 니케르타이 수도원으로 물러났다. 물론 그는 이러한 조처에 대해 자신의 정통 신앙을 교황 레오 1세에게 호소했다. 451년, 그는 칼케돈 공의회에서 복권될 때 자신의 정통 신앙을 입증하기 위해 네스토리우스를 단죄해야 했다. 칼케돈 공의회가 끝난 뒤 그는 자신의 교구로 돌아가 사목 활동과 저술 활동에 전념했다. 아마도 그는 460년경에 죽은 것 같다.

작품

테오도레투스는 5세기 동방교회 역사에서 알렉산드리아의 치릴루스 다음으로 많은 작품을 쓴 저술가이자 지도적인 신학자였다. 또한 그는 관상을 추구하는 수도승, 사목적 관점에서는 활동적인 주교, 박학한 호교가, 능변의 설교가, 전통을 중시하는 예리한 논쟁가, 경건한 성인전 작가, 지적인 역사가였다. 그는 주교직을 맡기 이전에 시작한 저술 활동을 죽을 때까지 지속했다. 그의 저술 활동은 다양한 유형과 범위 때문에 매우 이례적이다. 테오도레투스는 당시의 관습과는 달리 자신의 작품에 다른 이들의 작품을 인용할 때 적지 않게 그들의 이름을 밝히거나 암시했다. 그가 직접 또는 간접적으로 사용한 문헌 연구는 그가 얼마나 폭넓은 교육을 받았으며, 박학했는지를 보여 준다. 특히, 그는 성서를 해석할 때 성서 본문을 늘 정확하게 인용하여 그의 성서 주석서는 지금도 70인역 성서 연구에 중요한 자료가 된다. 그의 작품들은 안티오키아 학파의 스승인 타르수스의 디오도루스, 특히 몹수에스티아의 테오도루스의 영향을 많이 받았다.

영향

테오도레투스는 네스토리우스 논쟁부터 에페소 공의회, 에우티케스 논쟁과 칼케돈 공의회까지의 전반적인 그리스도론 발전 과정을 체험한 유일하고 중요한 신학자로서 그리스도론 발전의 산 증인이다. 편지 119를 보면 그는 중용적 입장에서 네스토리우스파와 단성설파를 반박했으며, 하느님 말씀이 인간의 완전한 본성을 취했다고 주장했다. 그러나 그가 죽은 지 100년쯤 뒤에, 삼장 논쟁과 관련하여 일련의 교의서가 553년 제2차 콘스탄티노플 공의회에서 단죄를 받아, 그의 작품 가운데 많은 부분이 소실되었다.

698년, 롬바르드족 왕 쿠니베르투스가 아퀼레이아 주교좌 분열을 해결했을 때, 작가가 알려지지 않은 어떤 시는 세르기우스 교황이 테오도레투스의 작품을 소각하는 것을 찬양했다. 그러나 사람들은 교회와 화해한 채 죽은 이 이단자의 성서 주석 작품들을 열심히 읽었다. 얼마 뒤 그의 작품들은 아라비아어와 게오르기아어로 번역되었다. 그의 교회사는 라틴어로 번역되었으며, 최근까지 서유럽에서는 역사 개론서 가운데 하나다.

테오도레투스는 553년의 단죄로 많은 작품이 소실되었지만 성서 주석가로는 꾸준히 명성을 얻었다. 이는 그의 주석서를 수많은 성서 주석서 선집에서 발췌하여 인용한 사실에서 엿볼 수 있다. 대부분의 경우에 그의 성서 주석 인용들은 선집의 본질적인 핵심을 이룬다. 또한 그는 당시 알렉산드리아 학파와 안티오키아 학파의 성서 주석 방법 사이에서 중도를 추구한 중용적 성서 주석가였다. 테오도레투스를 매우 높이 평가한 콘스탄티노플의 총대주교 포티우스(9세기)는, 테오도레투스의 문체와 해석 내용이 이해하기 쉽다 하여, 그를 고대의 가장 훌륭한 성서 주석가의 한 명으로 여겼다. 여하튼 히폴리투스와 오리게네스가 이끈 위대한 성서 주석가 시대는 그와 함께 종말을 고하고, 성서 주석서 선집과 편집의 시대가 도래했다. 테오도레투스는 두 시대의 전환기에 살다 간 인물이었다.

3. 대 레오

하성수

생애

　교회사에서 그레고리우스 교황(590~604 재위)과 더불어 레오 교황(440~461 재위)만이 후세에 '대'라는 경칭을 얻었다. 레오의 전기에 관해서는 많은 사실이 전해지지만 그가 태어난 곳과 시기는 정확하게 알려진 바가 없다. 그가 로마에서 태어났다는 사실도 불확실하다. 430년, 네스토리우스 논쟁 당시 네스토리우스와 치릴루스가 로마의 주교 켈레스티누스에게 지지를 요청했을 그즈음, 레오는 로마 공동체의 봉사자 ― 아마도 수석 부제 ― 였다. 이 시기에 그는 로마의 마니교도, 펠라기우스파, 아리우스파에 맞서 활발하게 투쟁했다. 그의 선임자 식스투스 3세가 440년 사망했을 때 레오는 화해사절로 남부 갈리아에 있었다. 로마 공동체에서 그의 명성이 어느 정도였는지는, 그가 이 임무를 맡고 있던 중에 주교로 임명되었다는 사실에서 엿볼 수 있다. 레오가 로마의 주교직을 맡을 당시 서로마제국은 정치·사회적 질서가 와해되고 있었으며, 교회는 그리스도론 논쟁에 휘말려 어려움을 겪고 있던 상태였다. 레오는 21년 동안 로마의 주교로 활동하다가 461년 11월 10일에 사망했으며, 베네딕투스 15세는 1754년 10월 15일 그를 교회학자로 선포했다.

수위권

레오는 자신이 모든 교회를 책임지고 있으며 모든 주교의 지도자라는 자의식이 강했다. 그의 본보기는 베드로였다. 그가 자신의 축성일에 행한 모든 설교는 베드로에 관한 것이었으며, 자신을 베드로의 대리인이라고 여겼다. 그의 베드로론은 그리스도와 직접적인 관계를 맺은 사도들 가운데 첫째인 베드로의 탁월한 위치를 강조한다. 그리스도는 모든 전권을 베드로에게만 넘겨주었으며, 그 전권은 베드로를 통해서만 다른 사도들에게 분배된다는 것이다. 사도들은 '사도들의 수장'과 그 영예에서는 같지만 합법적인 지위에서는 같지 않다. 레오는 로마 상속법에 근거하여 '상속인'에 관한 이론을 줄곧 일관되게 전개하면서 베드로의 후계자로서의 탁월한 위치를 설명한다. 마태오 복음 16장 18절 이하에 따라 베드로에게 넘어간 전권은 유언자에게서 상속인에게 직접 그리고 전적으로 넘겨진다. 모든 주교들이 로마 주교의 중재를 통해서 자기들 교회에서 전권을 행사하고 지도적 임무를 수행한다면 로마의 주교는 모든 주교들보다 우월하다.

레오는 이러한 사상을 자신의 설교들과 서간들에서 전개했다. 그의 이러한 사상에 대해 서방에서 부분적인 반대 의견이 나타났다. 이에 대해 레오는 갈리아 지방의 전 교회에 우월적 지위를 요구한 아를의 힐라리우스를 단호하게 논박했다. 한편, 동방은 레오의 보편 교회적 지도권에 익숙해 있지 않았다. 그는 교의적 분규에 관여했지만 부분적으로만 뜻을 이룰 수 있었다. 수위권을 두고 콘스탄티노플이 로마와 같은 권리를 요구하여 칼케돈 공의회가 이를 부여하는데, 레오는 칼케돈 공의회의 규범 규정 28조에 대해 이의를 제시하나 그것도 그 이상의 효과를 거둘 수 없었다. 1054년, 동방 정교회와 가톨릭의 분열은 이전에 오랫동안 곪아 온 여러 증상이 마침내 터진 것이었다. 그 증상 가운데 하나가 수위권이다.

신학적 · 교회정치적 역할

448년, 콘스탄티노플에서 열린 교회회의는 극단적인 단성설을 주장한 콘스탄티노플 욥 수도원의 원장 에우티케스를 단죄했다. 이 때문에 에우티케스는 몇몇 주교에게 항의서한을 보내는데, 콘스탄티노플의 총대주교 플라비아누스 역시 로마의 레오에게 편지로 이 문제를 문의했다. 레오는 449년 6월 13일 미래의 방향을 제시하는 유명한 『플라비아누스에게 보낸 교의서간』*Tomus ad Flavianum*을 보냈다.

황제는 이 문제를 해명하기 위해 8월 1일 에페소에 교회회의를 소집했으며, 레오도 교회회의에 사절을 파견했다. 8월 8일, 디오스쿠루스 사회로 열린 교회회의는 레오의 『교의서간』은 낭독하지 않은 채 로마 사절의 반대에도 아랑곳없이 에우티케스를 복권하고 플라비아누스를 면직했다. 플라비아누스는 유형지로 가는 도중에 사망했다. 레오는 이 교회회의를 '강도 교회회의'라 부르며 그 결정들을 승인하지 않았다.

이에 레오는 황실에 또다시 공의회 소집을 요청하나 뜻을 이루지 못한다. 그러나 450년 테오도시우스 황제가 낙마하여 갑작스레 죽자 상황이 완전히 뒤바뀐다. 테오도시우스의 누이 풀케리아가 원로원 의원인 마르키아누스와 결혼하여 그를 황제로 공포했다. 바뀐 황제가 레오의 『플라비아누스에게 보낸 교의서간』을 인정하고 수위권 문제가 해결되면서, 레오는 더 이상 공의회 개최에 관심을 가지지 않았다. 그러나 이번에는 새 황제 부부가, 레오가 그렇게 소집하려고 애썼던 공의회를 개최하고자 했다. 레오는 이에 반대하지 않았지만 자신의 사절을 의장으로 임명하여 자신이 공의회를 주재할 것을 주장했다. 이로써 칼케돈 공의회는 교회사에서 로마 주교의 수위권을 인정하여 레오의 사절이 의장으로 임명된 첫 번째 전 세계 공의회가 되었던 것이다. 공의회는 레오의 『교의서간』을 추인하고 이를 바탕으로 신경을 정식화했다. 그러나 공의회가 끝나자마자 신경의 수용을 둘러싼 논쟁이 시작되어 레오는 죽을 때까지 이 논쟁에 관여했다.

정치적 역할

레오는 452년 훈족의 왕 아틸라가 이탈리아를 침공해 왔을 때, 그는 황제의 특사와 함께 만투아까지 아틸라를 마중 나가 그를 감동시키고 훈족의 침입을 저지하여 로마 시를 보호했다. 455년, 반달족의 왕 게이세리쿠스가 로마 앞에 포진했을 때, 레오는 그들이 로마를 약탈하는 것은 못 막았지만 그래도 두 번째로 로마 시를 보호하는 데 성공하여 로마의 위대한 문화유산을 보존했다. 이 일로 그는 로마와 이탈리아에서 국민의 수호자로 존경받았다.

레오의 활동 가운데 이 세 가지 두드러진 업적은 교회 영역에만 한정되지 않고, 몰락해 가는 서로마제국에서 정치적·

사회적·문화적 빈 공간을 채운 그의 폭넓은 사목 활동 가운데 정점일 뿐이다. 그리스도만이 교회의 주인이며 자신은 그리스도의 종이라는 자의식에 바탕을 두고, 레오는 신학적·규율적·정치적 사건을 해결하기 위해 중용과 타협이라는 방법을 추구했다.

4. 누르시아의 베네딕도(베네딕투스)

이연학

모든 시대를 위한 하느님의 사람, 베네딕도

베네딕도(480?~547?)는 사실상 가려진 인물이다. 천생 수도승인 그는 자기 업적의 뒤편으로 물러서서 자기를 가리는 데 상당히 성공한 편이다. 그렇다고 우리 눈에서 완전히 숨어 버리지는 못했다. 그레고리우스 대교황(540~604)이 남긴 전기 때문이다.[114] 그리고 스스로 남긴 유일한 작품인 『수도 규칙』 역시, 깊은 눈매를 지닌 이들에게는 그의 웅숭깊은 사람됨을 엿보게 해 준다.

대 그레고리우스의 『대화집』이 전하는 생애

그레고리우스에 따르면, 어려서부터 '노인의 마음'cor senile 을 지녔던 베네딕도는 이탈리아 중부 누르시아의 넉넉한 집안 출신으로, 젊어서 공부하러 로마로 갔다. 그러나 모든 학

---

[114] 대 그레고리우스 『대화집』 제2권.

문에 환멸을 느낀 그는 중도에 공부를 작파한다. 출세와 향락의 수단으로서의 학문을 견딜 수가 없었던 것이다. 이때부터 참된 출세, 곧 '출세간'出世間을 향한 여정이 시작되는데, 그레고리우스는 이 대목을 이렇게 묘사하고 있다. "그분은 유식한 분이시면서도 무식한 사람이 되셨고, 지혜로운 분이시면서도 무지한 사람이 되기 위해 은둔하셨다."[115] 세상 지식을 초월하여 사람들 눈에는 어리석게 보이는 신령한 지혜의 길, 이른바 '절학무우'絕學無憂(노자 20)의 영적 여정에 접어든 것이다. 이어지는 『대화집』*Dialogorum libri*의 이야기는 수많은 기적들로 가득 차 있어 현대인의 눈에는 유치해 보이기 십상이지만, 성서와 고대 교부들의 어법에 밝은 사람이면 그 기적 이야기들에 깊은 속뜻이 들어 있다는 것을 알아챈다. 예수 그리스도를 통해 성취된 하느님 말씀은 신약 시대에서는 성인들을 통해 현현顯現한다. 보이지 않는 하느님 말씀이 나자렛 예수 안에 현현하셨듯, 보이지 않는 예수 그리스도 신비는 살아 있는 그리스도인의 몸과 삶을 통해 현현한다. 그레고리우스에게 베네딕도는 바로 그런, 하느님 말씀의 투명하고도 빛나는 반영이었다. 그래서 그는 베네딕도를 '하느님의 사람'vir Dei이라고 부르며, 그가 행한 수많은 기적 이야기를 통해 구약과 신약 성서 말씀이 어떻게 면면히 한 인간의 삶에 육화되고 있는지를 보여 주고자 했던 것이다.

첫 기적은 로마를 떠나 유모와 함께 한적한 마을에 정착해 살 때 일어났다. 유모가 빌려 온 체가 낡아 두 조각으로 부서지고, 유모의 눈물에 측은지심이 북받친 베네딕도가 기도로

---

[115] 같은 책 2,1.

써 체를 원상복구시킨 것이다. 이 일로 말미암아 마을 사람들의 찬사를 받게 된 베네딕도는, 이 찬사를 피해 본격적으로 수행자의 길에 접어든다. 수비아코 골짜기의 한 동굴에서 3년간 은수 생활에 정진하며 가혹한 영적 투쟁 끝에 마침내 믿음직한 영적 스승으로 드러난 그는 인근 수도원의 아빠스로 불려 간다. 그러나 느슨한 생활에 익숙해 있던 그곳 수도승들은 자기들이 모셔 온 새 아빠스의 복음적 긴장과 활력을 견딜 수 없어 독살 음모를 꾸미게 된다. 독을 탄 포도주 잔이 그의 강복으로 깨어져 고약한 음모가 백일하에 드러난 순간에도 그는 분노하거나 슬퍼하지 않는다. 오히려 '온화한 얼굴과 평온한 마음'으로 그곳을 떠나 원래 있던 곳으로 되돌아가서, '하느님 안전에서 당신 자신과 함께 홀로 지냈다'. 그러나 이렇게 공명심 — 체의 기적으로 말미암은 찬사 —, 육욕 그리고 분노와 공격성이라는 내면의 적을 극복한 베네딕도 곁에는 이내 수많은 제자들이 몰려들고, 이에 그는 수비아코 골짜기에 열두 수도원을 짓고 형제들의 안내자가 된다. 그러나 인근에 사는 한 사제가 그만 시기심의 노예가 되어 그를 독살하고 형제들을 도덕적으로 타락시키려는 음모를 꾸미기에 이른다. 베네딕도는 다시금 맞게 된 이 시험에서 이전보다 월등히 큰 사랑의 마음을 보여 주니, 독살 음모가 탄로난 후에도 "자기 자신보다 그 불행한 사람을 위해 더 마음이 아팠다"고 한다. 베네딕도가 마침내 몬테카시노로 옮겨 와서 '산 위의 마을'과도 같은 대수도원을 짓게 된 때는 이렇게 악습과 싸우는 시기가 모두 끝나고 영적 절정기를 맞았을 때였다.

『대화집』은 이후에도 여러 기적 이야기를 전해 주는데, 마지막 부분에 나오는 누이 스콜라스티카의 일화는 아름답기

그지없다: 인근 수녀원에 살던 누이가 찾아와, 둘은 수도원 밖의 한 집에서 밤이 이슥해지도록 거룩한 대화로 시간 가는 줄 모른다. 가지 말고 밤새 이야기를 계속하자고 청하자 펄쩍 뛰는 오빠 앞에서 누이는 천연스레 기도를 바치고, 그러자 마른하늘에 난데없이 천둥 번개와 함께 억수같이 쏟아지는 비. 이리하여 거룩한 오누이는 밤새 이야기를 나눌 수 있게 되었는데, 그레고리우스는 스콜라스티카가 베네딕도보다 "더 강했다"고 하면서 이렇게 이야기를 맺고 있다. "더 많이 사랑했으므로 더 능했도다." 복음적 강조가 묻어나는 의미심장한 유머가 아닐 수 없다.

그레고리우스는 『베네딕도 규칙서』Regula Benedicti를 두고 그 단순명쾌한 필치와 함께 무엇보다 '훌륭한 분별'을 칭찬한다. 사실, 그의 규칙서는 많은 부분 『스승의 규칙서』Regula magistri — 익명의 '스승'을 일인칭 주어로 하고 있는 작품이라 그리 부른다 — 의 발췌·요약이다. 그리 길지도 독창적이지도 않다는 말이다. 그럼에도 불구하고 베네딕도는 수도 생활의 모든 면을 세세히 규정하려 든 '스승'과 달리, 자기 규칙서에 일종의 '유연성'을 부여했다. 큰 줄기만 규정하고, 나머지 부분은 다양한 지역 수도원의 아빠스들 재량에 맡긴 것이다. 사실 타인의 분별력을 신뢰해 주는 능력이야말로 가장 큰 분별력일 것이다. 바로 이런 '유연성'으로 말미암아 『베네딕도 규칙서』가 가장 널리 그리고 오래 지속된 규칙서가 되었다는 점은 참으로 역설적이다. 오늘날에도 전 세계에 흩어져 다양한 모습으로 베네딕도의 정신과 규칙을 살고 있는 수많은 베네딕도 회원들의 삶이야말로 '얼굴 없는 성인'인 베네딕도의 얼굴을 가장 잘 비추어 주는 거울인지도 모른다.

5. 대 그레고리우스

장인산

생애

라틴 4대 교부들 중 한 사람이며 마지막 인물로 꼽히는 그레고리우스 대교황(540~604)은 로마 원로원 가문 귀족 출신으로서, 일찍이 서른둘의 나이로 로마의 집정관이 될 만큼 이름을 날리던 사람이었다. 그러나 부친이 죽은 뒤, 관상 생활에 전념하기 위하여 세속 명예를 버리고 자신의 저택을 안드레아 성인에게 봉헌하며 수도원으로 만들었다. 그뿐 아니라 시칠리아에 여섯 개의 수도원을 더 설립하고 자기 영지領地를 수도원들에 기부했다. 그러고는 엄격한 수도 생활을 했다.

베네딕투스 1세 교황은 그레고리우스를 로마의 부제로 서품했고, 그다음 교황인 펠라기우스 2세는 그를 콘스탄티노플에 교황사절로 파견했다. 이때에도 수도 생활에 대한 그의 염원은 대단하여 로마에서 한 무리의 수도승들을 그곳으로 데리고 와서 교황사절 관저에서 수도 생활을 계속했다. 그는 수도승들에게 직접 영적 훈화를 하고, 몇몇 주교들 또는 황실의 열심한 고위 인사들과 영적 대화를 나누었다. 이때 행한 영적 훈화와 영적 대화들을 토대로 교황이 된 다음에 방대한 성서 주석서인 『욥기 주해』Moralia in Job를 저술했다. 뛰어난 외교력을 발휘하던 그레고리우스는 교황사절 임무를 마치고 585년 말에 로마로 돌아와 교황 펠라기우스 2세의 비서와 조언자로 일하게 되었다.

펠라기우스 2세 교황이 590년 페스트로 사망하자 군중과 성직자단과 로마 원로원은 합심하여 그레고리우스를 교황으로 선출했다. 전염병이 로마 시를 휩쓸고 있는 상황에서 교황으로 선출된 그레고리우스는 평소에 지니고 있던 영적 생활에 대한 갈망과 과중한 책임에 대한 걱정 때문에 처음에는 교황직을 받아들이기를 주저했으나 황제는 그레고리우스의 교황 선출을 승인했다.

사목자의 모범

여러 가지 면에서 난세亂世라 할 수 있는 시대에 교황직을 맡게 된 그레고리우스는 준비된 교황이었다. 어렸을 때 이미 일반 학문에 대한 철저한 교육을 받았고, 2년간 로마 집정관으로서 행정 경험을 쌓았고, 6년간의 수도 생활을 통해 수덕적으로도 높은 경지에 이르렀다. 또 6년간 교황사절로 있는 동안 외교적 경험을 쌓는 동시에 심도 있는 신학 연구를 통해 신학자로서의 자질을 갖추었으며, 5년간 교황 비서 겸 조언자로 있으면서 로마 교회의 사정도 잘 알게 되었다. 이러한 그의 경험과 자질들은 14년간의 교황 재위 기간 동안 조화 있게 발전되고 성숙되어 교회 안에 놀라운 결실을 맺게 했다. 그는 로마 교회의 풍부한 유산을 관리하고 교회를 이끌어 나가는 데 완벽한 모델을 세상에 보여 주었다.

그레고리우스 교황은 무엇보다 먼저 사목자로서의 자신의 소명을 깊이 인식하고 있었다. 그는 사람들을 직접 만나 그들의 어려움을 듣고 영적으로나 물적으로 도와주려 했다. 교황직을 맡은 초기에 쓴 긴 회람들을 통해 여러 가지 개혁과 쇄신 계획을 제시했는데, 무엇보다 교회의 사목자들인 사제와 주교들의 영적 쇄신을 강조했다. 그는 교회의 소유지를 적절히 활용하여 수입을 올림으로써 롬바르드족의 침입과 전쟁으로 인해 기아와 전염병에 시달리고 있는 주민들을 도와 곡식을 분배했고, 이탈리아와 시칠리아 대농장의 농부들을 착취로부터 보호했다.

그레고리우스는, 라벤나의 대주교 마리니아누스에게 쓴 편지에서, 사목자는 기도와 성서 독서에 전념하는 것만으로 충분하지 않고 맡은 양 떼에게 구체적인 사랑과 도움을 주는 실천이 병행되어야 한다는 점을 강조했다.

그레고리우스는 바쁜 활동 가운데서도 엄청난 양의 저서를 남겼다. 교회의 전반적 쇄신을 실현하기 위해 그는 중요한 세 가지 저서, 곧 모든 그리스도인들을 위한 윤리 강령이며 실천적인 해설서인 『욥기 주해』, 성직자들의 생활을 개혁하고 사제 생활과 사목 생활에 관한 대강령인 『사목 규칙』*Regula pastoralis*, 그리고 수도승들이 본받아야 할 여러 성인들, 특히 베네딕도의 행적을 제시하는 『대화집』*Dialogorum libri*을 저술했다.

그레고리우스 교황은 타민족 선교에도 큰 노력을 기울였다. 그리하여 영국 선교 계획을 세웠다. 브리타니아에는 이미 로마제국 시대에 교회 조직이 있었으나 로마군이 407년 브리타니아로부터 철수한 이후 여러 이교 민족, 특히 앵글로-색

슨족이 쳐들어와 그리스도교를 몰아내고 왕국들을 건설했기 때문에 교회는 완전히 황폐화되어 있었다. 교황은 596년 봄, 로마의 성 안드레아 수도원 원장인 아우구스티누스와 함께 40여 명의 수도승들을 영국에 파견했다. 그들의 선교 활동은 대단한 결실을 거두었다.

그는 601년에 영국의 아우구스티누스와 멜리투스에게 보낸 편지에서 선교 방법을 제시하는데, 문화적 우월주의로 야만족에게 그리스도교를 그냥 주입시키는 식이 아니라 가능한 한 그리스도교와 그들의 기존 종교 관습의 연결점을 찾아내고, 그것들을 그리스도교의 정신과 내용으로 승화시키도록 하라는 것이었다. 이민족의 문화를 존중하는 선교의 이러한 토착화 방식은 지역민들로 하여금 그리스도교를 거부감 없이 받아들일 수 있게 했으며, 그리스도교화된 이들 신흥 민족이 앞으로 서유럽의 새로운 시대를 열고 새로운 문화를 창출하게 되는 기틀이 된 것이다.

여기서 그레고리우스가 쓴 편지를 한번 읽어 보자.

> 이교 신전을 꼭 허물어야만 한다면, 그것은 최소한 제한되어야 합니다. 신전 건물은 살린 채 단지 우상들만 치우고 난 후, 성수를 뿌리고 제대를 세우면 되지 않을까 생각합니다. 그런 다음 건물 안에 성인들의 유해를 모시는 것입니다. 그리하여 신전의 건축 상태가 양호하다면, 우상숭배 예식에 쓰였던 부적절한 외면만 제거한 후 건물 그대로를 유지하여 이제부터는 여기서 참된 하느님을 섬길 수 있도록 하는 것입니다. 이렇게 되면 자기들의 예배 장소가 파괴되지 않은 것을 본 백성이 그들의 오류를 버리고 참된 하느님을 알게 될 것

입니다. … 이렇게 이전과 같은 방식으로 그들이 기쁨을 외적으로 표현할 수 있도록 해 준다면, 참된 내적 기쁨이 무엇인지도 더 쉽게 알아듣도록 이끌어 주는 셈이 될 것입니다. 거친 사람들을 단번에 교화한다는 것은 불가능한 일입니다. 무릇 산에 오를 때에는 단숨에 뛰어오르는 것이 아니라 한 발 한 발 천천히 오르는 것입니다.[116]

이 외에도 그레고리우스 대교황의 업적은 전례 개혁과 성가 발전에 중요한 역할을 맡았던 데서도 찾아볼 수 있다.

---

[116] 대 그레고리우스 『서간집』 11,56.

색 인

갈레리우스(황제) 147-8
강도 교회회의 264 270
게르마누스(요한 카시아누스의 친구) 253-4
게이세리쿠스(반달족 왕) 271
『겔라시아누스 교령』 27
『고백록』 195-6 220-5 230
『교육자』 121 123
『교회사』 14 59 108 119 154 240
그레고리우스(기적가/타우마투르구스) 177
그레고리우스(나지안주스의) 15 150 159 163-4 173-5 178 182-3 185 210 249
그레고리우스(니사의) 15 159 173 177-81 202 210
그레고리우스(대) 209 273 277 281
『그리스도의 육신론』 133
『그리스도의 은총과 원죄』 221
『그리스인들을 향한 권고』 121
『기도』 252
기욤 포스텔 25

나우크라티우스 177
네스토리우스 200 202-3 259-62 264-5 268
네스토리우스파 266
네포티아누스 213
넥타리우스(콘스탄티노플의 총대주교) 206-7
노바티아누스파 39
니케아 공의회 15 62 149 157-9 163 168 170 191 195
니케아 교회회의 153
니케아 신경 158 162-4

니케아파 185
『니코데모 복음』 23

다마수스(교황) 210-1
단성설 264 270
단성설파 266
단테 24
『단편』 46
『담화집』 255-6
『대립 명제』 61 99
『대화집』 273-5 279
데메트리우스(알렉산드리아의 주교) 124
데모필루스(콘스탄티노플의 총대주교) 185
데키우스(황제) 125
도나투스 142 149
도나투스 열교 138 141-2
『도나투스 열교』 140
도나투스주의 105
도나투스파 142-3
『도덕집』 174 176
도미티아누스(황제) 47 50
『도피의 변명』 183
『독백』 222
드 뤼박 101 126
『디다케』 13 36 46
디오그네투스 71-3
『디오그네투스에게』 46 71-2 74
디오도루스(타르수스의) 199-201 205 264-5
디오스쿠루스(알렉산드리아의 총대주교) 264 270
디오클레티아누스(황제) 147 153
떼이야르 드 샤르댕 110

색 인

『라우수스 역사』 247 249
라테란 공의회 42
라파엘로 24
레오(대) 116 254 264 268-72
레포리우스 261
『로마인들에게 보낸 편지』 56
루피누스 150 209 212 249
리누스(교황) 46
리미니 교회회의 169
리바니우스(수사학자) 200
리베리우스(교황) 194
리키니우스(황제) 149 179

『마그네시아인들에게 보낸 편지』 55
마그누스 137
『마니교도 아디만투스 논박』 262
마르켈리나 194
마르쿠스 아우렐리우스(황제) 77 82
마르키아누스(황제) 271
마르키온 61 98 100-1 133
마르키온주의 98 100-1
마르틴 루터 228
마리니아누스(라벤나의 대주교) 279
마케도니우스(은수자) 263
마크리나(소) 173 177-8 180
마크리나 1세 177
『마크리나의 생애』 180
『마태오 복음 강해』 206
막센티우스 148
막시무스 189
막시미누스 다이아(황제) 147
막시미누스 트락스(황제) 114
막시밀라 103

『말씀의 강생론』 165
멜라니아 249
멜레티우스(안티오키아의) 180
멜리키아누스파 163-4
멜리투스 280
멜리티우스 149
멤논(에페소의 주교) 261
모니카 214 216 218
『모세의 생애』 181
몬타누스 102-4
몬타누스주의 102-6 134
몬타누스파 103-5
미켈란젤로 24
밀라노 교회회의 169
밀라노 칙령 148 238
밀턴 24
밀티아데스 104

『바르나바의 편지』 23 33-4 46
『바르톨로메오 복음』 23
바실리우스(대) 15 150 159 173-80 182 184 235 249
『바실리우스 규칙서』 175
『바오로가 라오디케아인들에게 보낸 서간』 23
『바오로 묵시록』 23-4
『바오로와 세네카가 주고받은 편지』 23
『바오로 행전』 23 29
발레리아누스(주교) 210
발레리아누스(황제) 136
발레리우스(히포의 주교) 217
발렌스(황제) 174 185 190
베네딕도(누르시아의) 273-6 279
『베네딕도 규칙서』 255 276

색 인

베네딕투스 1세(교황) 277
베네딕투스 15세(교황) 269
『베드로 묵시록』 23
『베드로 복음』 23
『베드로 행전』 23-4 29-32
『부인에게』 135
북아프리카 교회회의 22
불가타 211
빅토르(교황) 62 104 108
『빌라도 행전』 23

사도 교부 15 33 43 45-9
『사도들의 편지』 23
『사도적 선포의 논증』 111
『사도 전승』 114-5
『사목 규칙』 279
사벨리우스주의 170 191
『사제직』 206
사티루스 194
『삼위일체론』 6 169-70 221 224-5 231
『상재상서』 70
『서간집』 281
『설교』 219 221
『성령론』 174 193
『성직자들의 직무론』 197
세르기우스(교황) 266
세바스테이아 179
세베루스 147-8
셀레우키아 교회회의 169
셉티미우스 세베루스(황제) 120
소크라테스 스콜라스티쿠스(교회사가) 240
『수덕집』 176
술피키우스 세베루스 248

『스미르나인들에게 보낸 편지』 55
『스승의 규칙서』 248 276
스콜라스티카 275-6
『스킬리움의 순교자 행전』 81
스테파노(순교자) 45
스테파누스 1세(교황) 138
식스투스 3세(교황) 268
『신곡』 24
『신국론』 14 220 224
『신비 교육』 191-2
『신학대전』 125
『신학적 연설』 175
『실낙원』 24

아그드 교회회의 41
아나클레투스(교황) 46
아니케투스(교황) 62 108
아데오다투스(아우구스티누스의 아들) 214 216
아르카디우스(황제) 206
아리스토텔레스 218-9
아리우스 153 157-60 162-5 167-9 195 210
아리우스주의 149 164 174 195
아리우스파 185-6 189 191 268
아우구스티누스 6 14-6 89 112 127 138-9 143 150 169 194-6 209 214-20 222-31 261-2 280
아욱센티우스 195
아카키우스 189
아타나시우스 15 159-60 162-6 168-9 240-1
아틸라(훈족 왕) 271
아폴로니우스 104
아폴리나리스(라오디케아의) 210

색 인

『안드레아 행전』 23
안토니우스 162 215 235 239-44
『안토니우스의 생애』 159 162-3 241
안투사 205
안티오키아 교회회의 153
알렉산더(대왕) 119
알렉산더(알렉산드리아의 주교) 158 163
알렉산더(예루살렘의 주교) 14
알렉산더(카이사레아의 주교) 120
알리피우스(아우구스티누스의 친구) 216
알타너 218
암모니우스 사카스 124
암브로시우스(밀라노의) 16 94-8 209 215-6 218
『암브로시우스의 생애』 194 197
『야고보 원복음』 23 25 27-8
얀센주의 228
『양탄자』 122
에바그리우스(안티오키아의) 163
에바그리우스(폰투스의) 249-52 254 256
에우노미우스 174
『에우노미우스 반박』 174
에우독시아 207 254
에우세비우스(카이사레아의) 14-6 33 49 59 108 119 149 152-6
에우티케스 264-5 270
『에즈라의 환상』 24
에페소 공의회 259-61 264-5
『에페소인들에게 보낸 편지』 58
에피파니우스(콘스탄티아의) 105 212

엠멜리아 177-8
『여자 예언자들의 신탁』 23
『연설』 183
『영과 문자』 229
영지주의 93 95-7 99 107 109 236
『영혼과 부활』 180
『예비신자 교리』 190 192-3
오를레앙 교회회의 41
오리게네스 14 33 101 120 124-7 134 152-3 157 174 177 196 209-12 218 250 254 266
오리게네스주의 125
올림피우스 200
옵타투스(밀레비스의) 140 142-3
『요한 복음 주석』 139
요한 카시아누스 252-4 256
요한 크리소스토무스 16 200 204 206-7 254
요한 클로보스 247
『요한 행전』 23 29
『욥기 주해』 278-9
『우상숭배론』 133
『원리론』 125
유니우스 루스티쿠스 77 82
유스티누스 68-9 75-8 82-4
『유스티누스 순교 행전』 81-2
유스티니아누스 1세(황제) 106
율리아누스(황제) 169 178
『은총과 자유의지』 229
이냐티우스/이그나티우스(안티오키아의) 46-8 54-8
『이단 반박』 14 107 109
『이단자 규정』 133
이레네우스(리옹의) 14 49 59 62 107-11

색 인 285

색인

인노켄티우스 1세(교황) 106
인노켄티우스 2세(교황) 254

정하상 70
『제도집』 255-6
제피리누스(교황) 113
『죄의 응보와 용서』 220
『직무론』 197

참나무 교회회의 207
치릴루스(알렉산드리아의) 15 202 259-61 264-5 268
치릴루스(예루살렘의) 16 189-93
치프리아누스 81-2 112 134 136-41 210 218
『치프리아누스 순교 행전』 81

카스토르(마르세유 주교) 255
칼리스투스(교황) 113-4
칼뱅 228
칼케돈 공의회 16 152 264-5 270-1
캄펜하우젠 61
케킬리아누스(카르타고의 사제) 136 141
켈레스티누스(로마의 주교) 268
켈수스 28
『코린토인들에게 보낸 편지』 46-7 49-50 52
콘스탄티노플 공의회(제1차) 160 185 190 202 249
콘스탄티노플 공의회(제2차) 202 266
콘스탄티누스(황제) 40 141 147-9 152 154-5 158 164 168 190
콘스탄티누스 대전환 147

『콘스탄티누스의 생애』 149 155
『콘스탄티누스 찬가』 154
콘스탄티우스(황제) 168-9 191
콘스탄티우스 클로루스 147
쿠니베르투스(롬바르드족 왕) 266
클레멘스(로마의) 46-7 49-50 52-3
클레멘스(알렉산드리아의) 14 33 94 119-23
키에르케고르 77
키케로 197 214

타티아누스 69
테르툴리아누스 40 59 75 99 105 112 131-5 210 218
테오도레투스(키루스의) 263-7
테오도루스(몹수에스티아의) 199-203 264-5
테오도시우스(황제) 185
테오도시우스 2세(황제) 260 270-1
테오도투스 93
『테오도투스 발췌』 94
테오세베이아 178
테오필루스(알렉산드리아의 총대주교) 207 254
『테클라 행전』 23
『토마스 복음』 23
『토마스 행전』 29
트렌토 공의회 21
『트리폰과의 대화』 76-7
티루스 153

파울리누스(밀라노의) 194 197
파울리누스(안티오키아의) 210
파코미우스 235 244-7
『파코미우스 규칙』 212

색 인

파피아스(히에라폴리스의) 46
판태누스 14 119-20
팔라디우스 247 249
팔라몬 245
팜필루스 152-4
페르페투아 87
『페르페투아와 펠리치타스의 수난기』 87
페트루스 177-8
펠라기우스(이단자) 212 227
펠라기우스 2세(교황) 277-8
『펠라기우스주의 반박』 212
펠라기우스파 268
펠리치타스 87
펠릭스 141
『편지』 46 60-1 137 180 211 213
포티우스(콘스탄티노플의 총대주교) 266
폰티키아누스(황실 관리) 215
폴리카르푸스(스미르나의) 46-7 55 59-62 88 108
『폴리카르푸스 순교록』 60 88
폴리크라테스(에페소의 주교) 62
풀케리아 271
프로클루스 104 259
프리스킬라 103
플라비아누스(안티오키아의 주교) 200
『플라비아누스에게 보낸 교의서간』 270-1
플로리누스 108
플로티누스 124
피우스(교황) 38
『필라델피아인들에게 보낸 편지』 55
『필로칼리아』 174

필론 34 119 196
『필리포 행전』 23
필리푸스(시대의) 259

『항구함의 은사』 230
헤라클레오폴리스 239
『헤라클리데스의 책』 261-2
헤르마스 38-40
『헤르마스의 목자』 23 38-9 46
『헥사플라』(육중역본 구약성서) 127 152 211
헬레나 147
호교 교부 15 46 67-70 107 120
『호교서』 132
호노리우스(황제) 106
『호르텐시우스』 214
히에로니무스 15-6 28 33 150 152 194 209-13
히폴리투스(로마의) 112-5 266
힐라리우스(아를의) 269
힐라리우스(푸아티에의) 16 167-70 210

필 진(가나다 순)

노성기
광주대교구 사제. 광주가톨릭대학교와 대학원을 거쳐, 로마 아우구스티누스 대학에서 교부학 박사학위를 받았다. 현재 목포가톨릭대학교 총장으로 일하고 있다.

이연학
올리베따노 성 베네딕도 수도회 사제. 광주가톨릭대학교를 졸업하고, 로마 그레고리우스 대학에서 교의신학 석사학위를 받았다. 올리베따노 성 베네딕도 수도회 수도원장을 지냈다.

이형우
성 베네딕도회 왜관수도원 사제. 가톨릭대학교와 대학원을 거쳐, 로마 아우구스티누스 대학에서 교부학 박사학위를 받았다. 성 베네딕도회 왜관수도원 아빠스를 지냈고 2016년 선종했다.

장인산
청주교구 원로 사제. 광주가톨릭대학교를 졸업하고, 독일 본 대학에서 교부학 박사학위를 받았다. 대구가톨릭대학교와 대전가톨릭대학교 교수로 재직했다.

최원오
광주가톨릭대학교와 대학원을 거쳐, 로마 아우구스티누스 대학에서 교부학 박사학위를 받았다. 현재 대구가톨릭대학교 교수로 재직하고 있다.

하성수
가톨릭대학교를 졸업한 후, 한국외국어대학교 대학원에서 영어학 전공으로 석사학위를 받았으며, 독일 프라이부르크 대학에서 고대교회사와 교부학 박사학위를 받았다. 수원가톨릭대학교와 서강대학교에서 교부학과 교회사를 가르치고 있다.